PHILOSOPHES ET PENSEURS

M. LOUIS

Philon le Juif

BLOUD & Cᵋ

S. et R. 594

PHILOSOPHES ET PENSEURS

PHILON LE JUIF

PAR

M. LOUIS

Professeur au Grand Séminaire de Meaux.

PARIS
LIBRAIRIE BLOUD ET Cie
7, PLACE SAINT-SULPICE, 7
1 ET 3, RUE FÉROU. — 6, RUE DU CANIVET

1911

DU MÊME AUTEUR

NIHIL OBSTAT

Meldis, die 2 Februarii 1910.

Prieur, *vic. cap. censor.*

AVANT-PROPOS

Les œuvres de Philon le Juif sont d'une lecture ardue. Bien que précédée d'une introduction et accompagnée de notes, la traduction française du *Commentaire allégorique des saintes lois,* que vient de publier M. Emile Bréhier, est loin d'être toujours parfaitement intelligible. Ceci tient, non pas au traducteur, mais à deux causes principales : d'abord, nous sommes à peu près étrangers aux habitudes d'esprit de Philon ; ensuite, son éclectisme est d'une nature très spéciale. Par surcroît, la manière de Philon, qui est celle d'un commentateur, bien plus que celle d'un philosophe ou d'un historien de la philosophie, ne devait guère l'amener à une exposition systématique de ses idées : de fait, ses doctrines philosophiques et religieuses sont comme dispersées dans ses divers traités.

Nous avons pensé que c'était faire œuvre utile de saisir sur le vif les procédés de composition de Philon, de montrer le lien qui peut réunir ses diverses pensées et d'exposer ses doctrines maîtresses d'une manière brève et systématique, sans grand appareil d'érudition, d'après Philon lui-même et d'après les travaux critiques que nous énumérons dans une note bibliographique. Après avoir parcouru cet aperçu très général, sans doute, mais pourtant suffisamment précis, des doctrines philoniennes, on serait peut-être mieux préparé à aborder directement la lecture de Philon, de ses nombreux interprètes et aussi de l'immense littérature relative au quatrième Evangile.

PHILON LE JUIF

CHAPITRE PREMIER

Le milieu, l'homme, les œuvres.

1. *Philon et l'histoire de la philosophie.* — Philon occupe une place à part dans l'histoire de la philosophie; non qu'il se soit toujours révélé comme un grand penseur, mais ses réflexions et ses œuvres ont bénéficié d'un tel concours de circonstances qu'elles ont exercé une influence considérable sur le développement des idées. Par une rencontre fort heureuse, il s'est trouvé que c'est dans son esprit que se sont fondues pour la première fois, d'une manière assez spéciale, les doctrines juives et la pensée grecque. Son activité intellectuelle s'exerça pendant les quarante premières années de l'ère chrétienne : c'est vers 41 après J.-C. qu'il écrivit un ouvrage qui fut probablement son dernier, l'*Ambassade à Caïus*. Ses divers traités furent donc composés du temps de Notre-Seigneur, de sorte qu'ils possèdent, entre autres mérites, le grand avantage de nous indiquer les préoccupations ou les doctrines religieuses qui régnaient dans certaines âmes au temps de Jésus. Ils renferment même çà et là des indications ou traits de mœurs qui éclairent d'un jour particulier certains faits historiques et certains passages non seulement de la Bible des Septante, mais encore du Nouveau Testament. On pourra en juger par cet extrait du *Contre Flaccus*, l'un des écrits plus proprement historiques de Philon :

Le tétrarque Philippe étant mort, Caïus César, à son avènement, avait proclamé Agrippa, petit-fils d'Hérode, roi de Judée et l'avait retenu quelque temps près de lui. Quand Agrippa dut rejoindre son gouverne-

ment, Caïus lui fit choisir la traversée Pouzzoles-
Alexandrie, comme plus facile que celle de Brindes-
Syrie. Mais à peine arrivé à Alexandrie, Agrippa fut
en butte à la jalousie du gouverneur Flaccus, qui se
sentait éclipsé par le luxe et la garde magnifique
d'Agrippa. Aussi Flaccus prêta volontiers l'oreille aux
récriminations, aux quolibets adressés à Agrippa : il
autorisa même diverses farces malséantes et entre
autres, dit Philon, la suivante : « Il y avait à Alexandrie un fou, nommé Carabas,... d'humeur douce et
tranquille. Ce fou... errait jour et nuit dans les rues...
On traîna ce misérable au gymnase, là, on l'établit sur
un lieu élevé afin qu'il fût aperçu de tous. On lui plaça
sur la tête une large feuille de papier en guise de dia-
dème, sur le corps une natte grossière en guise de
manteau ; quelqu'un ayant vu sur le chemin un roseau,
le ramassa et le lui mit dans la main en place de sceptre.
Après l'avoir orné ainsi des insignes de la royauté et
transformé en roi de théâtre, des jeunes gens, portant
des bâtons sur leurs épaules, formèrent autour de sa
personne comme une garde ; puis les uns vinrent
le saluer, d'autres lui demander justice, d'autres lui
donner conseil sur les affaires publiques. La foule environnante l'acclama à grande voix, le saluant de titre
de Marîn, mot qui en syriaque signifie, dit-on, prince.
Or ils savaient bien qu'Agrippa était d'origine syrienne
et que la plus grande partie de son royaume était en
Syrie (1). »

Cela se passait à Alexandrie quelques années après
la mort de Jésus, et le récit est d'autant plus frappant
que ni Philon, ni la populace d'Alexandrie n'avaient
assisté aux scènes de la Passion.

Les détails intéressants abondent dans l'œuvre de
Philon. Nous serons forcé d'en passer quelques-uns
sous silence pour nous en tenir aux données essentielles,
à ce qu'il faut nécessairement connaître d'Alexandrie,
de Philon lui-même ou de ses doctrines maîtresses. Le

(1) F. DELAUNAY, *Philon d'Alexandrie, Écrits historiques*. Paris,
Didier, 1867, p. 213. Cf. p. 209-214. — Nous renvoyons une fois pour
toutes à la *Note bibliographique* qui fait suite à notre texte. On y
trouvera une indication suffisante des sources qui ont été utilisées
pour cette monographie.

milieu et l'auteur étant du reste assez connus ou plus faciles à étudier, nous insisterons davantage sur ses doctrines philosophiques et religieuses, parce qu'elles ont fait, en ces derniers temps, l'objet de sérieuses discussions et de très remarquables travaux.

2. *Le milieu judéo-alexandrin.* — C'est en 322 avant Jésus-Christ qu'Alexandre, devenu le maître de l'Egypte, frappé de l'admirable position de Rhacôtis, qui n'était alors qu'une misérable bourgade située près de la branche occidentale du Nil, entre le lac Maréotis et la mer, décida d'y fonder une ville qui porterait son nom. Elle prospéra très vite ; d'immenses travaux furent accomplis : une chaussée de sept stades relia l'île de Pharos au continent et rendit plus facile l'accès du port du côté de la terre ; le phare qui dominait l'île, le port et les passes dangereuses du large, était l'une des sept merveilles du monde ; le port lui-même, abrité par l'île de Pharos, ne tarda pas à devenir l'un des centres commerciaux les plus fréquentés du monde antique.

Dès la fondation de la ville, une colonie juive s'était établie à Alexandrie. Sous les Ptolémées, les Juifs obtinrent une situation privilégiée et s'établirent si bien que Philon évaluait leur chiffre total, au moment où il écrivait son *Contre Flaccus*, à un million, pour Alexandrie et les environs. Ils pratiquaient assez librement leur religion et avaient une certaine organisation politique. L'historien Josèphe nous apprend que le frère de Philon, Alexandre Lysimaque, remplissait les fonctions d'alabarque, c'est-à-dire de gouverneur de la colonie juive, et qu'il était très riche.

Les Juifs n'avaient pas été les seuls à apprécier la situation privilégiée d'Alexandrie : des marchands et des industriels, originaires de l'Egypte, de l'Orient, de la Grèce, des rivages de la Méditerranée, se donnaient rendez-vous dans son immense port ; le Musée attirait les savants, les philosophes, et autour d'eux, des disciples ou des lettrés, de sorte qu'assez vite la jeune cité devint la plus grande ville du monde et la plus cosmopolite. Une comparaison ne pouvait manquer de s'établir entre les diverses civilisations, les diverses religions et les diverses doctrines. Le frottement journalier de gens d'origines fort différentes devait nécessairement, avec le temps et l'échange des idées, amener de part et d'autre des transformations.

A cause de leur Loi, de leur religion, de leur caractère, les Juifs eussent dû, semble-t-il, être les plus réfractaires aux influences étrangères ; mais vivant presque continuellement avec des étrangers qui parlaient surtout le grec, ils finirent par s'helléniser en partie : le grec leur devint assez vite très familier, peut-être plus familier que l'hébreu ; la preuve en est que les œuvres de Philon le Juif ont été écrites en grec ; la preuve en est surtout qu'il leur fallut traduire en grec les Saintes Écritures pour l'usage du grand nombre. Par surcroît, la bibliothèque et le Musée d'Alexandrie leur révélèrent, avec des idées qui durent d'abord leur paraître assez étranges, des doctrines où ils crurent reconnaître les enseignements de la Bible et des interprètes autorisés de l'Écriture. Ainsi allaient se trouver en présence l'une de l'autre deux civilisations profondément différentes : la civilisation orientale et la culture grecque. Le contact même des croyances juives et de la pensée grecque devait provoquer un travail de pensée qui aboutit, en fait, à des œuvres plus ou moins originales, écrites en grec.

Il serait impossible de dire ce que valaient au juste ces œuvres, puisque la littérature des Juifs hellénisants d'Alexandrie, Philon excepté, a disparu sans presque laisser de trace. Mais on en connaît par ailleurs l'esprit général : on sait que ces Juifs s'appliquaient à démontrer que la sagesse grecque dérivait des sources juives, et c'est une idée que nous allons retrouver chez Philon.

3. *L'homme.* — Philon restera sans doute toujours pour nous le meilleur représentant, et le mieux connu, de ce milieu judéo-alexandrin. Il naquit entre l'an 30 et l'an 15 avant J.-C. On sait qu'il appartenait à l'une des meilleures familles juives d'Alexandrie, et il est à peu près certain qu'il reçut, au moins jusqu'à l'époque de sa majorité religieuse, une forte éducation juive. Mais ce qui est absolument certain, c'est qu'il dut subir assez vite d'autres influences que celles de sa famille. A cet égard, rien n'est plus curieux que de comparer le caractère de Philon à celui de l'historien Josèphe, les idées et les sentiments du Juif d'Alexandrie aux sentiments et

aux idées du Juif de Jérusalem. A Jérusalem, l'éducation intellectuelle d'un Juif de bonne famille était purement juive. Josèphe nous dit bien, au début de son autobiographie, qu'il fut élevé dès son enfance dans l'étude des lettres et qu'il entra à dix-neuf ans dans la secte des Pharisiens, « qui approche plus qu'aucune autre de celle des Stoïques entre les Grecs », mais le contexte indique qu'il ne peut s'agir que de l'étude de la Loi et des commentaires de la Loi. On sait d'ailleurs que Josèphe resta bien Juif toute sa vie ; c'est en hébreu qu'il écrivit d'abord la *Guerre des Juifs* et il ne la traduisit en grec qu'avec une aide étrangère.

Il n'en allait pas de même à Alexandrie où l'éducation était peut-être plus grecque que juive. Pour Philon, l'humanité se compose de Grecs et de non-Grecs ou de Barbares. S'il est si avide de connaître la science grecque, c'est que la culture grecque le distinguera des Barbares, surtout des Egyptiens zoolâtres et malfaisants. Il se mit donc à apprendre la grammaire, la géométrie, la musique et la philosophie, ou comme il dit lui-même, il entra d'abord en rapport avec la grammaire, la géométrie, la musique, qui sont comme les servantes de la philosophie, et tout ce qu'il obtint d'elles, il en fit hommage à la maîtresse, à la philosophie, car de même que, selon l'Ecriture, Agar enfantait pour Sara, de même les sciences inférieures doivent enfanter pour la philosophie. Comme tout bon Juif, Philon vénère l'Ecriture ; mais il aime aussi la philosophie ; il a spécialement du goût pour le Platonisme, à tel point que certains néoplatoniciens trouveront tout naturel de lui appliquer ce dicton : « Ou bien Platon philonise, ou bien Philon platonise. » Tandis que Josèphe se prévaut de sa connaissance de la Loi, Philon lui, est tout fier de sa science de l'Ecriture et de la philosophie. Ayant à écrire la *Vie de Moïse,* il insiste sur sa première éducation et croit pouvoir raconter que la fille de Pharaon fit venir de Grèce, à grands frais, certains maîtres pour Moïse. Philon pense que cette brillante éducation relève le législateur des Hébreux, et il ne remarque pas qu'elle suppose, chez les Grecs, avant la naissance de Moïse, une littérature ou une philosophie. Et c'est bien un peu Philon lui-même, ou tout au moins le philosophe idéal de ses rêves,

qui nous est dépeint sous les traits de ce Moïse qui se re-
tire en Arabie pour prier et philosopher, « s'exerçant,
comme dit Pierre Bellier, le premier traducteur français
des œuvres de Philon, aux deux façons de vie très loua-
bles. c'est à savoir contemplative et active, y travaillant
fort, feuilletant tous les enseignements de la philosophie,
les comprenant vite, les retenant en sa mémoire, à fin
que puis après il les mît en usage, ne se souciant aucunement de la réputation du monde, mais de la vérité. »

Nous savons, en effet, que Philon n'usa guère de ses
richesses et qu'il vécut humblement. On dit même que
pour mieux pénétrer les mystères de la philosophie et
de la théologie, il se retira pendant quelque temps dans
la solitude, où il mena la vie contemplative, à la manière
de ces Thérapeutes dont il décrit longuement l'édifiante
existence dans son traité *de la Vie contemplative*. Avant
lui, certains Grecs et, entre tous, Platon, avaient distin-
gué la vie supérieure de l'âme de la vie terrestre. Philon
est un peu de leur famille. Sans négliger les devoirs
essentiels de la vie religieuse et sociale, tels qu'on les
pratiquait autour de lui, Philon ne craint pas de marquer toutes ses préférences pour la contemplation. Certaines circonstances pourront bien l'arracher à la vie
contemplative, par exemple, lorsqu'il lui faudra partir
pour Rome, comme chef de l'ambassade envoyée à
Caïus par les Juifs persécutés; mais il saura profiter des
moindres instants de répit pour reprendre sa vie favo-
rite : « Si tout à coup, dans cette tempête de la politique, un instant de calme m'est donné, alors, ouvrant
mes ailes, je m'élève au dessus des flots; je m'élance
presque dans les routes de l'air, porté par les souffles de
la science, qui me conseille sans cesse de fuir avec elle,
de me soustraire à ce dur esclavage, non seulement des
hommes, mais des affaires, qui fondent sur moi de tout
côté comme les eaux de l'orage. Et pourtant, dans ces
épreuves, il convient encore de remercier Dieu, de ce
que, couvert par les vagues, je ne suis pourtant pas
englouti. Non, ces yeux de l'âme que quelques-uns
croyaient fermés à jamais par la perte de toute espé-
rance, je les ouvre toujours, et j'y laisse pénétrer la
lumière de la sagesse, sans vouloir abandonner toute ma
vie aux ténèbres. »

Dans la force de l'âge, Philon entreprit de fixer par écrit une partie de ses réflexions, ou une partie de l'enseignement oral qu'il devait donner dans l'école juive, en qualité de docteur ou interprète de la sagesse révélée. De son propre aveu, il rencontra souvent de grandes difficultés, surtout lorsque l' « inspiration divine » lui faisait défaut. Et comment eût-il pu en être autrement ? Qu'on se représente ce Juif hellénisant, sérieusement attaché à la religion de ses ancêtres, tenant de sa religion et de son milieu la notion très nette d'un Dieu personnel et tout-puissant, la conception du livre sacré intangible et de l'exégèse officielle, la doctrine d'une seule vérité révélée à l'humanité, subitement mis en présence du polythéisme grec, des croyances d'un peuple qu'il se plaît à opposer aux Barbares, des doctrines philosophiques ou religieuses de Pythagore, d'Héraclite, de Parménide, de Platon, de Zénon, et, comme il dit, de quelques autres hommes divins qui forment avec ceux-là une troupe sacrée, s'appliquant à retrouver l'enseignement de Moïse parmi les antiques doctrines de la Grèce, s'efforçant de démontrer qu'on peut être Juif et philosophe à la manière des meilleurs d'entre les Grecs, de ceux que la lumière divine a éclairés, et l'on ne sera pas surpris de l'entendre avouer ingénument qu'il a souvent trouvé son esprit inerte et stérile, qu'il a parfois abandonné l'étude sans avoir rien fait, s'accusant de présomption, mais admirant la puissance de l'Etre qui ouvre et ferme à son gré la matrice de l'âme.

On a parfois représenté Philon comme un éclectique à la manière de Cicéron ou de Cousin, d'autres fois, comme une sorte de Malebranche occupé à concilier la raison avec la foi, l'hellénisme avec le judaïsme : tous ces rapprochements sont défectueux, puisque, pour Philon, il n'y a qu'une seule vérité révélée et que, chez lui, révélation et raison coïncident absolument. Peu importe, pour lui, qu'on rencontre la vérité chez les Juifs ou chez les Grecs, dans le discours sacré ou chez les hommes inspirés, puisque c'est toujours la même vérité, puisque Dieu, tout transcendant et tout incompréhensible qu'il est, s'est penché vers l'humanité, lui a parlé et s'est révélé. De là, chez Philon cette persuasion que la sagesse grecque ne se distingue pas du discours sacré, de la doctrine révélée : les Grecs n'ont fait qu'ajouter d'immenses et laborieux arguments à des dogmes révélés et déjà connus des Hébreux. De là, le caractère très spécial de cette première synthèse des doctrines juives et de la pensée grecque, de cette première pénétration du judaïsme dans l'hellénisme et de l'hellénisme dans le judaïsme, qui constitue précisément le philonisme, mais qui ne se rencontre qu'à l'état dispersé dans les divers ouvrages de Philon.

4. *Les Œuvres*. — Nous possédons encore la majeure partie des œuvres de Philon : cinquante-sept traités, sans compter un certain nombre de fragments. A ne considérer que leur forme extérieure, elles prendraient facilement place dans la littérature exégétique des écoles juives; elles affectent, en effet, à part le *Contre Flaccus*, *l'Ambassade à Caïus*, et deux ou trois autres traités où les textes sacrés sont moins souvent cités, la forme d'un commentaire de l'Ecriture. Qu'on se reporte par exemple, aux *Questions sur la Genèse* ou aux *Questions sur l'Exode*, le procédé est toujours le même : Philon y suit exactement le texte de l'Ecriture, mentionne les passages principaux et les fait suivre d'un commentaire à lui, qui l'entraîne parfois fort loin de son sujet, ou pour mieux dire, fort loin du texte scripturaire, mais pourtant selon des procédés et même selon une méthode que nous exposerons tout à l'heure. Mais, dans le fond, ses traités sont autre chose qu'un commentaire de l'Ecriture, autre chose qu'un exposé de questions proprement juives. On sait que même dans les écrits plus spécialement historiques la narration est presque toujours subordonnée au développement d'une doctrine préconçue ou sous-jacente, celle de la Providence, par exemple, dans le *Contre Flaccus*. A en juger d'après leur titre, neuf autres ouvrages devraient être comptés parmi les traités historiques : le *De Sacrificiis Abelis et Caïni*, le *De Posteritate Caïni*, le *De Gigantibus*, le *De Plantatione Noe*, le *De Confusione linguarum*, le *De Abrahamo*, le *De Migratione Abrahœ*, le *De Josepho*, enfin, les trois livres de la *Vie de Moïse*. Or, on ne peut pas dire que ce sont là des traités historiques : nous avons déjà vu de quelle singulière manière Philon raconte l'éducation de Moïse;

par surcroît, la *Vie de Moïse,* et on en pourrait dire à
peu près autant des autres traités que nous venons de
citer, renferme toutes sortes de développements sur la
Providence, la vie contemplative, la philosophie, les
nombres parfaits, les intermédiaires, l'inspiration et
l'enthousiasme, à tel point qu'on arrive à perdre de
vue Moïse lui-même et que le traducteur Pierre Bellier
est un peu autorisé à écrire en tête de cette étrange
biographie : « *Le premier livre de la Vie de Moïse,
auquel est traité de la Théologie et Prophétie.* » Quant
aux autres traités, comme le *Traité de la Création, les
Allégories des Lois, l'Immutabilité de Dieu, l'Unité
de Dieu,* etc., on peut les envisager ou comme des
commentaires exégétiques, ou comme des traités de
théologie mystique et de philosophie. Si on les considère du point de vue de l'histoire, de l'exégèse, on ne
peut s'empêcher de les trouver souvent obscurs dans
leur langage, bizarres dans leurs indications et par-
dessus tout, à part peut-être le *Traité de la Création,*
défectueux dans leur développement logique. Philon,
comme chez nous Montaigne, semble n'avoir pour
ranger ses idées d'autre sergent de bande que sa propre
fantaisie. Aussi a-t-on pu dire que ses traités « ressemblent à la conversation d'un homme supérieur,
mais qui ne se soucie pas de bien expliquer un sujet :
il y a des phrases qui frappent et que l'on voudrait
retenir ; il arrive rarement que de telles phrases se
continuent et qu'elles forment un petit exposé. »
Par contre, si on considère leur auteur comme un
théologien inspiré, un croyant et un philosophe tout à
la fois, si on les interprète du point de vue de la révélation et de l'inspiration qui devait être celui de Philon,
tout change d'aspect : les procédés de composition
paraissent plus acceptables ; en particulier, la méthode
allégorique, si féconde d'ordinaire en constructions
arbitraires, n'a plus les inconvénients qu'elle présente
lorsqu'on s'en sert comme instrument d'exégèse ; elle
reste alors entièrement soumise au développement théologique d'une doctrine révélée ou inspirée, et devient un
genre littéraire et savant d'exposition doctrinale, bien
étranger certes à nos habitudes d'esprit, mais en ce
temps-là fort apprécié dans le monde judéo-alexandrin.

Qu'on lise ou qu'on relise de ce biais le *Traité de la Création*, les *Allégories des Lois*, le bref *Traité de la Circoncision*, ou même n'importe quel traité doctrinal, et il deviendra évident que Philon se place bien au point de vue de la doctrine révélée ou inspirée et qu'il a su employer une méthode fort ingénieuse pour opérer la pénétration du judaïsme dans l'hellénisme et de l'hellénisme dans le judaïsme, c'est à savoir la méthode allégorique.

Philon rencontrait, à la première page de l'Écriture, la doctrine révélée de la création. C'est une doctrine qu'il retient fermement et qu'il aime à opposer à celle des philosophes dans plusieurs de ses traités, notamment dans le *Traité de la Création* et dans les trois livres des *Allégories des Lois*. A considérer ces traités d'un peu loin, on pourrait croire que toute la doctrine de Philon s'établit autour de deux ou trois chapitres de la *Genèse* (*Gen.*, I-III, 19), et de quelques autres textes scripturaires. Mais, en fait, ses sources d'inspiration sont fort nombreuses. Tandis que, d'une part, on retrouve les doctrines juives ou judéo- alexandrines d'un Dieu un, transcendant, tout-puissant, Créateur, la conception d'un Logos révélateur, d'intermédiaires ou de puissances, on relève, d'autre part, des affirmations qui font nécessairement songer à Platon ou à Zénon. Nous n'avons pas, en ce moment, à exposer directement la doctrine de Philon sur la Création ; montrons seulement comment s'organisent et se disposent ses traités et sa doctrine.

Il y a, selon Philon, dans la manière dont Moïse expose l'origine des choses, une beauté de conception que jamais poète, que jamais écrivain ne pourrait assez louer. Les philosophes grecs ont ignoré la Création ; mais Moïse, instruit de Dieu, a pu raconter la naissance du monde. Moïse dit que le monde a été créé en six jours ; non que Dieu ait besoin de la longueur du temps, car il faut croire que Dieu fait ses œuvres non seulement en commandant, mais aussi en pensant ; les jours désignent l'ordre des choses (*Traité de la Création*). Lorsque Moïse parle d'un nombre de jours, il faut comprendre qu'il songe au nombre parfait six (*Allégories des Lois*). Bien des détails, dans le récit de la Création, ne peuvent être que des sujets d'allégorie

(*Traité de la Création* et *Allégories*) ; ainsi dire que
Dieu souffla sur la face de l'homme un souffle de vie,
c'est dire qu'il inspira ou qu'il anima ce qui était sans
âme, car nous ne devons pas avoir l'extravagance de
penser que Dieu a une bouche et des narines pour
souffler. Et puis, il s'agit de savoir dans quelle mesure
l'homme est la créature de Dieu. Philon distingue
l'homme céleste, idéal, que Dieu a créé, de l'homme
terrestre. Le premier est un être intelligible, sans
matière ; le second est sensible, matériel. Seul l'homme
céleste a été créé à l'image de Dieu. Mais de même que,
dans le *Timée*, le démiurge s'en remet aux dieux inférieurs du soin de former la partie irascible et concupiscible de l'âme humaine, de même, d'après Philon, Dieu
ne forme à son image que l'homme céleste ; le reste est
l'œuvre des puissances et c'est à elles que Dieu parle
quand il dit : « Faisons l'homme » '*Traité de la Création* et *Allégories*). Et les deux traités se complètent de
doctrines pour lesquelles il y a tout lieu de croire que
Philon platonise. Par là s'explique que M. Martin,
dans son étude sur Philon, ait pu écrire que Philon
lisait le *Timée* avec une admiration et un respect presque aussi absolu que s'il s'était agi de la *Genèse*, et que
M. Bréhier, dans sa thèse sur les idées philosophiques
et religieuses de Philon d'Alexandrie, donne une longue
liste des passages du *Timée* utilisés par Philon non
seulement dans le *Traité de la Création*, mais encore
dans douze autres traités.

A ces procédés de composition, il faudrait encore
ajouter ceux que révèle le petit *Traité de la Circoncision*.
On y voit, par exemple, comment Philon sait concilier
le respect des Ecritures avec les commentaires traditionnels ou avec ses propres interprétations : au nom de la
lettre des Ecritures, Philon veut qu'on maintienne la
pratique de la circoncision dont se moquent beaucoup
les ignorants, sans penser qu'elle existe en Egypte, qui
est bien la nation la plus peuplée, la plus ancienne et
la plus adonnée à la « philosophie ». Au lieu de se
moquer, il vaudrait bien mieux rechercher les raisons
qui justifient cette coutume ancestrale. On en trouve-
rait alors quatre qui ont été laissées par les hommes
divins qui ont interprété les écrits de Moïse. Philon cite

ces raisons : l'une d'elles est fondée sur la notion religieuse de pureté légale ; les autres sont d'ordre médical
ou hygiénique ; mais tout de suite après, Philon ajoute
ses propres raisons et semble les mettre sur le même
rang que les précédentes, sinon un peu au-dessus, car
il pense que la circoncision *signifie* deux choses fort
nécessaires : d'abord, le retranchement des plaisirs qui
enchantent l'esprit ; ensuite, qu'il faut tout rapporter à
Dieu, en se gardant bien de croire que l'homme est un
véritable créateur, car nous ne sommes que de faibles
intermédiaires dans l'ordre divin de toutes choses.

Maintenant que nous avons saisi sur le vif et dans la
pratique les procédés de composition de Philon, il nous
sera plus facile de donner une vue d'ensemble de ce
qu'on ne saisit dans ses œuvres qu'à l'état fragmentaire,
d'exposer systématiquement sa grande doctrine de la
Révélation, sa méthode allégorique, et d'aborder directement l'étude de ses doctrines religieuses ou philosophiques.

CHAPITRE II

Principes de la doctrine et méthode.

1. *La Récélation*. — Certains auteurs ont pour ainsi
dire renoncé à trouver chez Philon une doctrine capi-
tale à laquelle tout puisse se ramener. De fait, aucun
de ses traités, à part le *Traité de la Création,* ne forme
un tout bien lié et rattaché à une doctrine maîtresse.
Pourtant, à mesure qu'on avance dans la lecture de
Philon, on arrive à se dire que ses traités très divers
sont tous dominés par la préoccupation constante
d'une doctrine conçue comme révélée ou inspirée.
Quant aux mots eux-mêmes de révélation et d'inspiration, ils sont d'un emploi fréquent chez Philon.

Il ne faut pas s'attendre évidemment à rencontrer
chez le Juif d'Alexandrie des précisions qui ne vien-
dront que plus tard, à trouver chez lui, d'une manière
très nette, la grande distinction théologique de la révélation, *auxilium ad cognoscendum,* et de l'inspiration,

cooperatio ad scribendum; mais ce qu'il dit de la révélation et de l'inspiration vaut la peine d'être retenu, parce que seule la doctrine de la révélation et de l'inspiration, telle que la concevait Philon met de l'unité et de la cohérence dans le désordre apparent des doctrines philoniennes.

C'est sans doute dans les Livres Saints que Philon a puisé les éléments essentiels de sa doctrine de la révélation et de l'inspiration; mais il a pu également en emprunter certaines données au milieu alexandrin. On sait qu'à Alexandrie Philon fut au nombre des docteurs ou interprètes de la sagesse révélée. Essayons de déterminer ce qu'on pensait et pratiquait autour de lui, ce qu'on avait dit, avant lui, au sujet de la révélation. Nous verrons mieux après dans quel sens Philon, au cours de ses œuvres, emploie les deux mots de révélation et d'inspiration.

Comme Philon, les Alexandrins, surtout ceux qui pratiquaient la religion juive, avaient la notion de la révélation, du prophète, de l'écriture sacrée dont il faut maintenir la doctrine, de l'exégèse officielle du texte intangible. Quant aux Grecs, ils ne connaissaient ni prophètes, ni livres sacrés; mais d'abord, ils avaient la divination qui repose essentiellement sur la croyance à une révélation ou à des révélations dont les dieux favorisent les hommes; et ensuite, les plus célèbres de leurs philosophes passaient pour des hommes divins ou inspirés. Entre tous, on citait Pythagore, Socrate, Platon, certains Stoïciens. Aristote lui-même, exerçant sa critique rationnelle sur les traditions les plus anciennes, avait découvert, en dernière analyse, « des croyances vraiment divines, débris de quelque antique philosophie, de vieilles doctrines, découvertes, sans doute, et perdues plus d'une fois avant d'arriver jusqu'à nous. » Lorsque, par suite de la situation privilégiée d'Alexandrie, les Juifs alexandrins se trouveront en contact avec la pensée grecque et qu'ils rencontreront pour la première fois, dans la sagesse grecque, des doctrines qu'à tort ou à raison ils croiront reconnaître, ils seront comme naturellement amenés à les faire dériver de la grande source de sagesse qu'ils connaissaient déjà, des Livres Saints de la Révélation. De fait, à l'époque de Philon, et même avant Philon, c'était une croyance assez commune que celle de la « chaîne dorée », d'une doctrine unique exposée sous des formes diverses par les prophètes, les livres sacrés, la mythologie, les poètes inspirés et les meilleurs d'entre les philosophes. Un Juif d'Alexandrie, nommé Aristobule, qui vivait dans la première moitié du second siècle avant J.-C., croyait trouver dans la doctrine du Lycée une émanation de la Bible, et s'efforçait de démontrer aux païens, en certains endroits de son *Explication de la Loi Mosaïque,* que la sagesse des philosophes dérivait des sources juives. Philon, lui, pense que la révélation est une, qu'elle est contenue en substance dans les Livres Saints; mais il pense aussi que, d'une part, les meilleures doctrines de la sagesse grecque ne diffèrent pas essentiellement de la sagesse hébraïque, c'est-à-dire de la révélation contenue dans les Livres Saints, qu'elles ne sont que des commentaires d'une même doctrine révélée, et que, d'autre part, on peut être Juif fervent et philosophe à la manière des Grecs. Toute l'œuvre philosophique et apologétique de Philon semble procéder de ces diverses pensées.

D'après lui, en effet, la révélation a pour corps le « discours sacré », le texte sacré qui a été donné par Dieu aux hommes de diverses manières. Toutes les paroles du Livre Saint sont des oracles de Dieu; mais il y a lieu de distinguer : entre les oracles, les uns procèdent de la face de Dieu et ont été prononcés par son prophète; d'autres ont été donnés comme réponses à des demandes faites par le prophète ; d'autres enfin proviennent de la bouche de Moïse possédé et inspiré de Dieu. Les premiers révèlent les vertus divines par lesquelles Dieu instruit tous les hommes à la vertu, et tout particulièrement le peuple qui le sert; les seconds sont mêlés, puisque le prophète demande et que Dieu répond; les derniers sont attribués au législateur à qui Dieu a communiqué la puissance de prophétiser; Moïse n'eût jamais écrit ses saints livres s'il n'avait été conduit de Dieu, et c'est par inspiration divine qu'il a pu atteindre à un point où la raison humaine ne saurait parvenir.

Certes, Moïse est le plus grand de tous les prophètes.

Mais Philon cite encore certains personnages de la
Bible qui ont eu le don de bien prophétiser. Il croit
pouvoir ajouter que d'autres hommes, dont ne parlent pas
les Livres Saints, ont parfois été sous possession divine.
Ainsi, pour la version grecque du texte sacré faite sur
la demande de Ptolémée Philadelphe, les traducteurs
ne se concertèrent pas, mais la version de chacun
d'eux se trouva identique aux autres, possédés qu'ils
étaient d'une inspiration invisible. Et à l'en croire,
Philon lui-même lorsqu'il s'est agi de composer ses
traités, aurait à certains moments bénéficié d'une
inspiration divine : « Parfois, dit-il, vide de toute idée,
je me suis mis à l'œuvre, et tout à coup, je me sentais
rempli : les pensées me venaient invisiblement d'en
haut et tombaient comme la neige et la semence ; saisi
d'une inspiration divine et semblable aux Corybantes,
j'oubliais tout, le lieu où j'étais, les personnes présentes,
moi-même, ce que j'avais dit et écrit. » Et ailleurs :
« L'esprit invisible qui a coutume de venir vers moi se
fait entendre et me dit : O mon ami, tu ignores une
chose précieuse et difficile, que je t'apprendrai volontiers ; je t'en ai déjà tant appris ! Sache donc que Dieu
seul est la paix véritable, et que toute nature corruptible
n'est qu'une lutte perpétuelle. »

Nous touchons là à un point très particulier du philonisme ; non seulement Philon croit à la vérité de la
doctrine révélée dans les Livres Saints, mais il croit
encore à la vérité de ses propres révélations, comme il
croit à certaines doctrines de la sagesse grecque ; ou
pour mieux dire, toute idée qu'il croit être la vérité,
qu'il l'ait puisée ou ait cru la puiser dans le texte sacré
ou dans la tradition, qu'il la doive à la sagesse grecque
ou encore, comme il dit, à l'inspiration, ne se distingue
pas, pour Philon, de la grande doctrine révélée ou ne
s'en distingue qu'autant qu'un commentaire peut se
mettre à part de ce qui en fait l'objet. De là vient qu'on
a pu dire que Philon a eu deux maîtres ; l'Ecriture
et les philosophes ; l'Ecriture qui, pour lui, fait toujours autorité ; les philosophes qu'il étudie, qu'il admire,
qu'il vénère, dont il repousse parfois les erreurs, et dont
souvent il juxtapose la doctrine à celle des Ecritures.
« Philon, dit Eusèbe, avait pris beaucoup de peine aux

sciences divines et à celles qui sont en honneur dans
sa patrie; quant au talent dont il a fait preuve en
philosophie et dans les études profanes, il est inutile de
le signaler. Il dépassait tous ses contemporains dans la
connaissance des doctrines de Platon et de Pythagore
auxquelles il s'était surtout attaché. » De fait, au cours
de ses divers traités, Philon platonise assez souvent.
Mais son goût pour Platon n'avait rien d'excessif ni
d'exclusif; il prenait son bien partout où il le trouvait,
chez Parménide, chez Héraclite, chez Zénon, partout où
il croyait rencontrer d'antiques doctrines révélées ou
une divine inspiration.

Par contre, il dédaignait les Grecs que la lumière
divine n'a pas éclairés. Ceux-là se sont trompés.
« Certains philosophes, dit-il, pensent que tout ce qui
est dans le monde se meut sans guide et spontanément.
Quant aux arts, aux mœurs, aux lois, aux coutumes,
à la justice, ils affirment que c'est l'intelligence
humaine seule qui a tout établi. Vois-tu, âme, conti-
nue-t-il, l'étrangeté de ces opinions ; l'âme qui méprise
Dieu s'attire à tort l'alliance d'une intelligence qui n'est
même pas capable de se défendre elle-même... Si quelqu'un brise et détruit le discours stable, sain et droit
qui témoigne que la toute-puissance est à Dieu seul,
et s'il a été trouvé dans le discours sans continuité et
sans consistance qui admet l'activité de l'intelligence
particulière, mais non celle de Dieu, c'est un voleur qui
enlève les biens d'autrui; car tout est possession de
Dieu. Mais celui qui vole les choses divines et se les
attribue est maltraité par son propre athéisme et son
orgueil. Puisse-t-il mourir après sa blessure, c'est-à-dire
rester sans agir ; il semblera commettre une moindre
faute. Mais si le soleil, c'est-à-dire l'intelligence qui est
en nous, se lève, si elle paraît lumineuse, et pense tout
voir, tout diriger, croyant que rien ne lui échappe, elle
est coupable; et, en échange, elle mourra au principe
vivifiant qu'elle a détruit, et suivant lequel Dieu seul
est cause; on la trouvera inactive, et véritablement un
cadavre, ayant introduit un principe sans vie, mortel,
et faux. C'est pourquoi le discours sacré maudit celui
qui met en un lieu secret un objet gravé ou fondu,
œuvre des mains d'un artisan (*Deut.*, XXVII, 15.) En

effet, ces croyances mauvaises que le Dieu sans qualités
a une qualité comme les objets gravés ou que l'incorruptible est corruptible comme les objets de fonte, pourquoi, ô pensée, les conserver en toi, les mettre en
réserve? Pourquoi ne pas les manifester, afin de recevoir des ascètes de la vérité les enseignements qu'il faut?
Tu penses être habile pour avoir médité contre la vérité
les raisons spécieuses d'un homme inexpérimenté; et tu
te trouves inhabile, ne voulant pas te guérir d'une
pénible maladie de l'âme, l'ignorance. » (*Commentaire
allégorique des Saintes Lois*, l. III, ix-xii, 30, sq, trad.
Bréhier.)

Ainsi Philon a lu les philosophes avec un certain
discernement. Quelques historiens cependant ont cru
pouvoir dire qu'il avait passé sa vie à les lire sans
jamais les comprendre. Ce jugement est trop sévère.
Disons seulement qu'en les lisant il était dominé par sa
doctrine préconçue de la révélation, qu'il resta dans la
même attitude d'esprit en écrivant ses propres traités,
et qu'en fin de compte, s'il a tout l'air de mêler comme
au hasard l'enseignement de la Bible avec celui des
philosophes, c'est qu'il adopte une méthode qui, pour
nous, semble bien être le plus fantaisiste des procédés de
composition ou d'exégèse, c'est à savoir la méthode allégorique, mais qui fut pourtant en ce temps-là, pour Philon, un instrument très précieux pour opérer la pénétration du mosaïsme dans l'hellénisme et de l'hellénisme
dans le judaïsme. Quand on se représente Philon comme
un Juif attaché aux traditions de ses pères, croyant d'une
part à la doctrine révélée par la Bible, et, d'autre part
à ce que la sagesse grecque pouvait contenir de meilleur;
quand on le sait préoccupé non seulement d'éviter certaines difficultés du sens littéral de la Bible, mais encore
d'opérer une première fusion de la pensée juive et de la
pensée grecque, de démontrer qu'on peut être à la fois
Juif et philosophe, on s'étonne un peu moins de l'entendre s'écrier, lorsqu'il rencontre un texte qui gêne appa-
remment sa conception de la doctrine révélée et de la
philosophie : « Pareille proposition est inadmissible si
on ne l'interprète pas allégoriquement », ou encore :
« Nous pouvons résoudre la difficulté par l'interprétation allégorique, » et de le voir se rejeter, pour se tirer

d'embarras, sur l'inspiration, sur la tradition, sur la recherche personnelle et réfléchie.

2. *La Méthode allégorique.* — De fait, Philon distingue très nettement trois sources de ses explications allégoriques : l'inspiration, la réflexion et la tradition. L'inspiration est mentionnée dans les *Traités des Chérubins, de la Migration d'Abraham*; la réflexion et la tradition, dans la *Vie de Moïse* et dans quelques autres traités. Nous n'avons pas à revenir sur la question de l'inspiration et nous avons vu Philon distinguer, dans son *Traité de la Circoncision,* ses propres interprétations des commentaires traditionnels. Par malheur, Philon ne sépare pas toujours ces explications traditionnelles des explications nouvelles qu'il introduit, et de là vient, en partie, l'obscurité qui règne autour de la question de la méthode allégorique chez les Juifs avant Philon. Mais Philon a mieux fait que de pratiquer la méthode allégorique et d'indiquer quelque peu ses sources : il en a donné lui-même la théorie et s'est efforcé de séparer sa propre méthode de quelques autres méthodes ou procédés allégoriques qui lui paraissaient négliger un peu trop la lettre à force de rechercher l'esprit.

Un des principes les plus généraux sur lesquels s'appuie Philon semble bien être celui de la correspondance des choses sensibles avec les choses intelligibles. Il faut savoir allier la lettre et l'esprit, le visible et l'invisible. Se préoccuper du corps est bien; se préoccuper de l'âme est bien également; mais il est mieux encore de ne négliger ni le corps, ni l'âme, ni la lettre, ni l'esprit. Aussi voyons-nous Philon constamment occupé à concilier le respect des lois positives avec la conception véritable de Dieu et la sublimité du culte divin : il veut qu'on observe les lois, mais en même temps, grâce à la méthode allégorique, il sait les élever et les renforcer, en leur donnant un sens spirituel et mystique. Ainsi, la circoncision signifie que nous devons extirper de notre âme, et les passions et l'amour du plaisir. Ailleurs, la loi décrète que si un emprunteur a laissé en gage son manteau, le créancier devra le lui rendre avant le coucher du soleil. « L'esprit le plus lent, remarque Philon, ne manquera pas de concevoir qu'en dehors de la lettre, il faut ici saisir une autre chose. »

Philon emploie donc la méthode allégorique pour pousser la loi positive, les observances rituelles dans le sens du culte spirituel et mystique. Il s'en sert encore pour bannir du discours sacré les anthropomorphismes et les impiétés, car c'est un autre principe reçu également de Philon qu'il faut recourir à l'allégorie et ne pas s'arrêter au sens littéral toutes les fois qu'il est opposé à la vraie nature de Dieu. On lit dans la *Genèse* : « Et Adam et sa femme se cachèrent de la face du Seigneur dans le milieu du bois du Paradis. » « Voyons, dit Philon, en quel sens il est dit qu'on se cache à Dieu. Si l'on n'interprétait allégoriquement, il serait impossible d'admettre la proposition : Dieu a en effet tout rempli, tout pénétré : il n'a rien laissé vide ou privé de lui-même. Quel lieu occupera-t-on où Dieu n'est pas ? » Il le témoigne ailleurs en disant : « Dieu est en haut dans le ciel, et en bas sur la terre, et il n'y a plus rien, excepté lui » (*Deut.*, IV, 39), et encore : « Je me tiens ici devant toi » (*Ex.*, XVII, 6). Dieu est, en effet, avant tout être engendré ; il se trouve partout et on ne pourrait s'en cacher. Qu'y a-t-il là d'étonnant ? Même parmi les êtres engendrés, nous ne pourrions fuir les principaux d'entre eux et nous en cacher ; qu'on s'échappe, par exemple, de la terre ou de l'eau ou de l'air ou du ciel ou du monde tout entier. Nécessairement l'on y est contenu, et on ne pourra pas s'échapper hors du monde. Si l'on ne peut se cacher aux parties du monde, ni au monde lui-même, aura-t-on la force d'échapper à Dieu ? Nullement. Que veut donc dire : « ils se cachèrent ». Le méchant croit que Dieu est dans un lieu, qu'il ne contient pas, mais qu'il est contenu ; aussi il pense se cacher, croyant que la Cause n'est pas dans l'endroit où il s'est décidé à se blottir. On peut interpréter ainsi : chez le méchant, l'opinion vraie sur Dieu s'est obscurcie et cachée ; il est plein d'obscurité, sans aucune lumière divine pour examiner les êtres ; un tel homme se trouve exilé du chœur divin. » (*Comment. allég.*, III, 4-8, trad. Bréhier). Ce serait donc une grossière erreur de croire que Dieu réside en tel endroit et qu'on peut se cacher de Lui. Que jamais non plus si grande impiété n'assaille notre entendement de penser que Dieu travaille la terre et plante le Paradis. Et pourquoi le ferait-il ? « Voilà tout de suite, dit Philon, une difficulté. Ce n'est pas pour se donner un lieu de repos agréable et des plaisirs : une telle mythologie ne nous serait même jamais venue à l'esprit. Même le monde entier ne serait pas une place et un séjour dignes de Dieu ; c'est lui qui est à lui-même son lieu... Donc la vertu terrestre est semée et plantée par Dieu dans la race mortelle ; elle est une imitation et une image de la vertu céleste. Ayant eu pitié de notre race, et ayant vu qu'elle contenait des maux innombrables et abondants, Dieu enracina, comme soutien et sauvegarde contre les maladies de l'âme, la vertu terrestre, imitation, ai-je dit, de la vertu céleste et exemplaire, qu'il a appelée de noms multiples. La vertu a été appelée, par comparaison, paradis, et le lieu propre au paradis, c'est l'Eden, c'est-à-dire la vie délicate. » (Ibid., I, 43-46.)

Quand on considère du seul point de vue de l'exégèse des textes bibliques ces développements allégoriques de Philon, on ne peut s'empêcher de les trouver bizarres dans leurs indications. Par contre, quand on regarde leur auteur comme un théologien inspiré et un philosophe tout à la fois, ce qui doit être le véritable point de vue, les choses changent tout de suite d'aspect : au lieu d'être un procédé d'exégèse fort défectueux, la méthode allégorique, en tant qu'elle reste entièrement soumise au développement d'une doctrine regardée comme révélée, devient un genre littéraire différent du genre plus simple de la parabole, un genre d'exposition savant, assez en rapport avec les goûts du temps, aussi bien dans l'école stoïcienne que dans le monde judéo-alexandrin.

Philon adopte d'ordinaire ce genre littéraire pour l'exposition de ses thèses théologiques ; mais il s'en est aussi parfois servi pour adapter certaines données de la sagesse grecque à sa grande doctrine théologique. Dans son *Commentaire allégorique des saintes lois*, par exemple, il prend en quelque sorte prétexte de ce passage de la *Genèse* : « Tu avanceras sur le ventre » (*Gen.*, III, 14) ; ou même de ceux-ci : « Avec mon bâton, j'ai traversé le Jourdain que voici ; » (*Gen.*, XXXII, 10) ; « Et le troisième fleuve est le Tigre ; il va en face des Assyriens », pour bâtir tout une théorie de l'âme et des parties de l'âme qui rappelle singulièrement Platon, surtout lorsqu'il dit que la partie rationnelle est logée comme dans une acropole, lorsqu'il recommande de surveiller les parties inférieures ; « autrement, dit-il, étant montées jusqu'à l'acropole de l'âme, elles feront capituler, puis ravageront l'âme tout entière. »

Et voilà comment, grâce à la méthode allégorique, Philon a pu réaliser son dessein d'exposer sa grande doctrine révélée, qui, en fait, est une synthèse d'une nature assez spéciale de la pensée juive et de la pensée grecque. Même attitude d'esprit et mêmes procédés se retrouvent dans l'exposé de presque toutes ses doctrines religieuses ou philosophiques, car c'est bien rarement que Philon se résout à écrire de l'histoire ou de l'exégèse toute pure. Tel passage de son *Contre Flaccus* ou de l'*Ambassade à Caïus*, où il a cependant la prétention d'écrire de l'histoire, ressemble bien plus à une thèse théologique ou philosophique qu'à un récit proprement historique ; et quant à rencontrer chez lui un véritable commentaire historique ou critique du texte sacré, il ne faut guère s'y attendre.

CHAPITRE III

Doctrines religieuses et philosophiques.

1. *Dieu.* — La théodicée semble bien être la clef de voûte de toutes les doctrines philoniennes ; mais elle est comme dispersée dans les divers traités. On ne peut la reconstituer qu'à l'aide de morceaux épars un peu partout dans l'œuvre considérable de Philon.

Les premiers philosophes, dit Philon, ont cherché comment nous avions la notion du divin ; puis les Stoïciens ont dit que c'était d'après le monde que nous nous faisions une impression de la Cause. Si l'on voit une maison construite avec soin, avec des vestibules, des portiques, des appartements d'hommes et de femmes, et ses autres dépendances, on prendra une idée de l'artiste ; on ne pensera pas que la maison a

été faite sans art et sans artisan ; il en est de même
d'une cité, d'un navire, et de tout objet construit, petit
ou grand. De la même façon, celui qui est entré,
comme dans une maison ou une cité très grande, dans
le monde où nous sommes, celui qui a observé le ciel,
les planètes, les astres, mus d'un mouvement régulier
et harmonieux, et, sur la terre ou dans les airs, toutes
les variétés des êtres, celui-là conclura que tout cela
n'a pas été fait sans un art achevé, et que l'artisan de
cet univers, ce fut et·c'est Dieu. Eh bien, ceux qui rai-
sonnent ainsi voient Dieu par son ombre, ils comprenn-
ent l'artiste par ses œuvres. Ils savent que Dieu est,
ils ne savent pas quel il est.

Aussi bien, n'est-il pas insensé de faire, par la seule
raison, des recherches sur la substance de Dieu. L'intelligence qui est en chacun de nous peut comprendre les
autres êtres, mais elle est incapable de se connaître
elle-même. Comme l'œil voit les autres êtres, sans se
voir lui-même, l'intelligence pense tous les êtres, mais
ne se comprend pas elle-même ; qu'on dise, en effet, ce
qu'elle est et de quelle espèce, si elle est un souffle, du
sang, du feu, de l'air ou autre chose, et seulement si
elle est un corps ou à l'inverse incorporelle. Comment
donc, sans connaître la substance de sa propre âme,
déterminer exactement l'âme de l'univers, car, suivant
les notions innées, Dieu est l'âme de l'univers ?

Mais Dieu, s'il y consent, peut nous rendre capables
de le voir. Le texte sacré dit que Dieu souffla sur la
face de l'homme un souffle de vie, et nous donne par
là « une indication physique ». « Ce qui souffle, c'est
Dieu ; ce qui reçoit, c'est l'intelligence ; ce qui est
soufflé, c'est le souffle. Qu'est-ce qui se fait avec ces
éléments ? Il se produit une union de tous les trois :
Dieu a tendu la puissance qui vient de lui, par l'intermédiaire du souffle, jusqu'à l'objet ; et pourquoi sinon
pour que nous ayons une notion de lui ? Comment
l'âme aurait-elle une notion de Dieu, s'il ne l'avait
inspirée et touchée autant qu'il est possible ? L'intelligence humaine n'aurait pas eu l'audace de monter
assez haut pour s'attacher à la nature de Dieu, si Dieu
lui-même ne l'avait attirée vers lui (autant que l'intelligence humaine peut être attirée), et ne l'avait impres-

sionnée dans ses puissances capables de penser. »
(*Comment. allég.*, i, 37-41, trad. Bréhier.)

Dieu s'est donc révélé et tout particulièrement à Moïse, car, dit Philon, « il y a une intelligence plus parfaite et mieux purifiée, initiée aux grands mystères, qui connaît la Cause non d'après ses effets, comme on connaît l'objet immobile d'après son ombre ; elle a dépassé le devenir ; elle reçoit une claire apparition de l'être non engendré, de façon à comprendre d'après lui, lui-même et son ombre, c'est-à-dire la Raison et ce monde-ci. C'est Moïse qui dit : « Manifeste-toi à moi, afin que je te voie distinctement, (*Ex.*, xxxiii, 13) ; ne te manifeste pas à moi par le ciel, la terre, l'eau, l'air ou en général une chose du devenir : puissé-je ne voir ta forme en un autre miroir qu'en toi-même, ô Dieu ; ses apparitions dans les choses du devenir se dissipent ; celles qui se font par l'être inengendré peuvent rester stables, fermes, éternelles. C'est pourquoi Dieu a appelé Moïse et lui a parlé. » (*Ibid.*, iii, 100, 101.)

Or Moïse, instruit de Dieu, a excellemment parlé de Dieu lui-même. Aussi, quand il s'agit de Dieu, voyons-nous Philon recourir à Moïse, au texte sacré, bien plus qu'aux philosophes. Contre les philosophes grecs, et tout particulièrement contre les Stoïciens, Philon établit que non seulement Dieu n'a pas la forme humaine, mais encore qu'Il est affranchi de ce qui borne. D'après Philon, la véritable définition de Dieu se trouve dans ce texte de l'Exode (iii, 14) : « Je suis celui qui suis. » — « Dieu, dit-il, est l'Etre incréé, le Souverain Bien, le Beau, la Félicité, et, à dire vrai, Il est au-dessus du bien, du beau, de la félicité et de toutes les perfections que la parole peut exprimer. La parole, en effet, ne peut atteindre jusqu'à Lui : Dieu est inaccessible : Il recule et s'échappe. Les mots nous manquent pour atteindre à Dieu, comme par des degrés, pour désigner, je ne dis pas l'Etre — le ciel entier parlât-il le langage le mieux organisé arriverait à manquer de termes convenables et adéquats — mais seulement les puissances qui l'entourent. » (*Leg. ad Caïum*, ii, 546.)

Philon avait trouvé dans l'Ecriture et dans la théologie juive une notion du monothéisme, de l'ineffabilité

et de la toute-puissance divines qui ne se rencontre pas
dans les doctrines religieuses de la Grèce. Au cours de
chacun de ses principaux traités se retrouve assez facilement l'idée d'un Dieu transcendant, ineffable, tout
puissant, infini, à qui se réfère le monde et l'âme
humaine. Mais, dans ces mêmes traités, se rencontre
aussi la notion d'un Dieu personnel, Père et Créateur
du monde, bienfaisant, qui veille sur les affaires
humaines, et spécialement sur la nation pieuse. De là
vient que certains interprètes de la pensée de Philon
ont cru rencontrer chez lui deux représentations de la
Divinité qui seraient contradictoires, l'une infinitiste,
l'autre personnelle.

Y a-t-il réellement contradiction ou ne convient-il
pas plutôt de parler de points de vue différents : du
point de vue de la connaissance rationnelle et d'autres
rapports possibles entre l'âme et Dieu transcendant,
infini, c'est-à-dire du point de vue d'une relation morale, mystique ou religieuse de l'âme à Dieu ?

Par la seule raison, nous savons que Dieu est. Quant
à savoir quel il est, nous ne le pourrons jamais : car à
personne, dit Philon, il n'a montré sa nature ; il l'a faite
invisible à toute notre race. Qui pourrait assurer que la
cause est incorporelle ou corps, qu'elle a des qualités ou
qu'elle n'en a pas ; et, en général, qui pourrait faire des
démonstrations fermes sur sa substance, sa qualité, sa
disposition et son mouvement? Seul il est assuré de lui-
même, parce que seul il connaît exactement et sans
erreur sa propre nature (*Comment. allég.*, III, 206).
Ainsi l'Un suprême seul se connaît, mais reste incompréhensible pour nous. Toutefois, cette incompréhensi-
bilité, selon Philon, n'a rien d'absolu ; en soi, ce n'est
pas Dieu qui est incompréhensible, c'est notre intelligence qui ne peut pas concevoir en sa plénitude cet
Être divin qui est meilleur que le bien, plus primitif
que la monade, plus pur de tout mélange que l'unité.
Et notre langage est encore plus imparfait que nos
pensées : nous disons de Dieu qu'il délibère, qu'il
menace, qu'il se repent, qu'il récompense ou qu'il
châtie, et peut-être, en bien des cas, serait-il difficile
de mieux dire, mais au moins devons-nous mieux
concevoir.

Tout transcendant qu'il est, Dieu n'est donc pas en soi incompréhensible : il peut nous rendre capables de le voir et nous élever jusqu'à Lui. Il y a dans cette montée de l'âme vers Dieu bien des degrés : les philosophes ont connu Dieu par le monde extérieur où ils ont trouvé une image des perfections divines ; d'autres âmes, qui ne sont pas assez fortes pour atteindre Dieu, s'arrêtent aux puissances inférieures ; mais il est des esprits plus purs et plus élevés, comme Moïse, par exemple, qui ne connaissent pas la Cause par ses effets, ni l'Etre par son ombre, mais qui parviennent jusqu'à l'Etre lui-même. Philon revient souvent sur ces révélations plus ou moins complètes, plus ou moins parfaites, de la Divinité à l'âme humaine. Dieu, dit-il, dans sa bonté et son amour pour le genre humain, n'a pas voulu le laisser périr sans secours et il émet des puissances qui soutiennent l'homme et le font progresser. Le discours divin engage celui qui est capable de courir vite, à s'efforcer, sans respirer, vers le logos divin le plus haut ; mais celui qui n'est pas aussi rapide se réfugie dans la puissance créatrice que Moïse appelle Dieu. Pour qui comprend que l'univers a été créé, survient la possession d'un grand bien, la science et l'amour du Créateur. Celui qui n'atteint pas là s'arrête à la puissance royale : comme sujet, il est retenu par crainte pour le chef, sinon comme fils et par amour pour son Père. Pour qui n'atteint pas à ces bornes, à cause de leurs grandes distances, il y a des tournants fixés à l'intérieur, celui de la puissance qui secourt, de celle qui ordonne, de celle qui défend. Et c'est encore un bonheur de pouvoir comprendre que le divin n'est pas inexorable, mais bienveillant. Celui qui a l'idée que Dieu est législateur sera heureux en obéissant à tous ses commandements. Le dernier trouvera le dernier refuge : éviter le mal, s'il ne participe pas aux biens supérieurs (*De fuga et invent.*, 97-100). Ainsi l'âme, dans son élévation vers Dieu, passe successivement par l'absence du mal, l'obéissance aux lois divines, l'espoir dans la bonté divine, la crainte des sanctions, l'amour du Créateur, la contemplation du Logos ; enfin le plus haut degré auquel elle puisse atteindre, c'est la contemplation de Dieu dans son unité, c'est l'extase, état rare, difficile à garder.

Et nous touchons ainsi, par le moyen des inter-médiaires, par les doctrines de la connaissance, de la révélation et de l'extase, à la solution de cette antino-mie que l'on croyait rencontrer entre la transcendance absolue du Dieu sans qualités, du Dieu infini, et la per-sonnalité très arrêtée du Dieu des Juifs, vengeur des opprimés et protecteur d'Israël. « Jamais un mystique, dit M. Bréhier, n'a jugé contradictoire, dans son expé-rience personnelle, la vision concrète et parfois gros-sièrement matérielle d'un Dieu qui converse avec lui comme un ami, ou le conseille comme un maître, avec le sentiment de l'Etre infini et illimité dans lequel l'extase le plonge. Il passe facilement de ces relations person-nelles à l'extase proprement dite, comme Moïse, chez Philon, lorsqu'il annonce les lois, tantôt est le simple instrument passif de Dieu, tantôt converse avec lui. Il est d'un mystique et d'un mystique seul d'affirmer à la fois, comme Philon, que Dieu est retiré du monde et qu'il le pénètre cependant, et le remplit. Car le séjour divin est toujours à une distance infinie de l'âme et Dieu échappe pour ainsi dire devant l'âme qui le poursuit, et cependant l'âme a la conscience de son néant et du néant des choses en face de Dieu qui contient tout et qui est tout. Dieu est à la fois très près et très loin. » Ces remarques de M. Bréhier ont bien leur valeur. Le mysticisme de Philon, il est vrai, ne suffit pas à résoudre pleinement la difficulté. Mais, toute considération de mysticisme mise à part, et même pour les passages où la doctrine de Philon n'a évidemment rien de mystique, on pourrait encore démontrer, en se fondant particulièrement sur la logique ou la métaphy-sique stoïciennes et sur l'état de la philosophie à cette époque, que la prétendue opposition entre le Dieu infini et le Dieu personnel est beaucoup moins considé-rable qu'on veut bien le dire et, qu'en fin de compte, il n'y a pas réelle opposition, mais tout simplement dif-férence de point de vue. (Cf. J. LEBRETON, *Les Origines du Dogme de la Trinité*, p. 167, note 1, 168, sq.)

2. *Les Intermédiaires. Le Logos. Les Puissances.* — Dieu est loin de nous à cause de sa transcendance abso-lue; mais entre Lui, le monde et l'âme humaine, il y a

des intermédiaires. Au premier rang, il faut placer le Logos, intermédiaire, raison des choses et révélateur divin.

C'est à dessein que nous faisons suivre le mot de Logos des trois appositions d'intermédiaire, de raison des choses et de révélateur divin, car ce sont bien là les traits essentiels de la théorie du Logos sous sa forme philonienne.

Certains auteurs, non contents de marquer les airs de parenté plus ou moins rapprochée que cette théorie peut avoir avec les doctrines de l'Orient ou de la Grèce, ont cru devoir aller plus loin et se sont efforcés de déterminer l'apport exact et précis, d'une part, de la théologie juive, d'autre part, des doctrines platoniciennes et stoïciennes. Ils ne vont pas jusqu'à répéter, avec les anciens admirateurs néoplatoniciens de Philon. le dicton bien connu : « Ou bien Platon philonise, ou bien Philon platonise »; mais enfin, ils se croient en droit de dire : voici qui est juif, et voilà qui est platonicien ou stoïcien. Ainsi, pour ce qui est du Logos de Philon, la plupart d'entre eux lui reconnaissent un caractère stoïcien assez nettement défini.

Par malheur, les doctrines de Philon se prêtent mal à ce genre de recherches, sans compter que cette méthode d'études, au lieu de faire voir l'unité de la doctrine philonienne du Logos la fragmente en parcelles que l'on ne sait plus guère comment réunir. On sait, en effet, qu'à Alexandrie, et tout particulièrement chez Philon, les doctrines orientales et la philosophie grecque se sont, pour ainsi dire, amalgamées ou combinées. Discerner, dans n'importe quelle théorie issue de cette union ou de cette combinaison, l'apport exact de l'Orient ou de la Grèce, sera toujours une tâche bien délicate, mais qui doit singulièrement tenter les érudits. Philon considère comme révélées les doctrines de la Sagesse et de la Parole, telles que les présentait alors la théologie juive, très soucieuse d'éviter les anthropomorphismes et de maintenir la transcendance divine; il considère comme devant être maintenue la doctrine principale d'Héraclite sur ce principe divin qui régit ou domine la diversité des choses mobiles, qu'il hésite à désigner par un nom, mais qui est très réel cependant et qu'en fin de compte il faut bien appeler la Destinée, la Raison, le Logos, logos universel auquel il convient évidemment de subordonner notre logos personnel ; enfin Philon regarde comme vraies, et même comme révélées, les données essentielles de la théorie platonicienne des Idées, de la doctrine stoïcienne du logos, et à l'occasion, il saura s'en inspirer pour marquer le lien infrangible de toutes choses ou pour expliquer les rapports des choses sensibles au monde intelligible ; seulement, tandis que les Stoïciens, dont il s'inspire cependant, renferment tout le réel dans le monde sensible, Philon, lui, oppose les choses sensibles aux choses intelligibles, pour les référer par-dessus tout à un Dieu transcendant, principe de toute réalité. Nous avons donc affaire à un Juif et à un Grec, à un Juif d'Alexandrie qui emploie la méthode allégorique et qui d'ordinaire groupe dans une seule doctrine conçue comme révélée des éléments assez divers. Toutes les données que Philon trouve en lui, autour de lui et en Grèce, sur le Logos, vont se synthétiser et rentrer dans une conception composite, sans doute, mais déjà relativement unifiée, qui n'est plus, à proprement parler, ni juive, ni platonicienne, ni stoïcienne, mais tout simplement philonienne.

Et voici, dans ses plus grandes lignes, cette conception philonienne du Logos. Au-dessus de tout, et comme au degré suprême, Philon place l'Etre, meilleur que la vertu, que la science, meilleur même que le bien et le beau, Dieu un, transcendant, ineffable. Il ne touche pas le monde, car le pur et le saint ne saurait être en contact avec l'impur. Mais entre Lui et le monde, il y a des intermédiaires, le Logos et les puissances, et au premier rang, le Logos, lieutenant de Dieu, médiateur universel. Le Logos ressemble à Dieu et le monde lui-même ressemble encore au modèle idéal qu'est le Logos. C'est grâce à ces ressemblances que la bonté divine, toute transcendante qu'elle est, peut se communiquer, par exemple, à l'homme céleste, à l'homme intelligible formé selon l'image de Dieu. Et les choses sensibles elles aussi se réfèrent au monde intelligible. Mais qui dit ressemblance, rapport et lien ne dit pas confusion : les êtres sont bien séparés et gardons-nous de tomber dans la monstruosité mythique de la conflagration universelle dont parlent les Stoïciens. Le Logos, en effet, divise en parties imperceptibles la masse dont se compose le monde ; il donne aux choses les propriétés qui les constituent, il détermine les mers, les îles et les continents ; il fixe les espèces d'animaux ; tendu du centre aux extrémités et des extrémités au centre, il établit l'ordre dans la diversité : c'est lui que le Père fit lien infrangible de tout et qui préside au gouvernement du monde (*De Agric.*, § 51 ; cf. *Revue biblique*, 1903, p. 212, sq.). C'est encore le Logos qui introduit l'ordre dans l'âme humaine, qui y fonde la justice, l'égalité, la vertu. Le Logos n'est pas Dieu ; mais il est la révélation de Dieu à l'âme vertueuse, car le Logos divin est aussi cette parole révélée que l'homme pieux entend dans le secret de son âme et qui constitue l'enseignement sur les choses divines, c'est-à-dire la « philosophie » et le culte spirituel.

Si surprenant que cela puisse paraître, Philon désigne par le même mot de Logos, considéré comme le même être, ou le même attribut, ou la même force, l'intermédiaire qu'il établit entre Dieu et le monde, l'intelligence, la force ou la loi qui régit le monde, et la parole divine révélée. Le Logos est-il donc, pour Philon, un être distinct, une personne, ou un attribut divin, ou une force impersonnelle ? Nous ne saurions songer à exposer ou à critiquer ici les diverses opinions qui ont été émises à ce sujet. Disons seulement qu'en donnant à son Logos une personnalité tantôt très concrète et tantôt assez peu définie, il se comporte à peu près comme les Stoïciens qui désignaient par le même mot de Zeus le dieu de la religion populaire tout aussi bien que le dieu de Zénon, de Cléanthe et de Chysippe, c'est-à-dire le Feu, l'Intelligence ou la Raison, le Destin ou la Pronoia. « Conduis-moi, Zeus, conduis-moi, Destin, » dit Cléanthe dans son bel hymne à Zeus. A peu près de la même manière, Philon donne à son Logos tantôt une personnalité très définie, comme lorsqu'il l'appelle le lieutenant, le médiateur, le messager de Dieu auprès des hommes, et tantôt une personnalité beaucoup moins nette, comme lorsqu'il le représente tendu du centre aux extrémités et des extrémités au centre.

La théorie des puissances continue celle du Logos. Les textes fondamentaux où elle est le plus clairement énoncée se trouvent dans les *Questions sur l'Exode* (ii, 68, p. 515, 516) et dans le traité *De fuga et inventione* (§ 95, sq.). Il s'agit, dans le premier, de l'interprétation allégorique de l'arche d'alliance ; dans le second, de la signification allégorique de la loi sur les six villes de refuge. Ce sont les textes où l'énumération est la plus complète, et il est frappant de voir comment Philon, partant de textes scripturaires différents, sait aboutir sensiblement à la même interprétation allégorique. L'arche d'alliance ou encore les villes de refuge signifient donc, d'abord, l'Etre plus ancien que l'un, la monade, ou le principe ; ensuite, le Logos de l'Etre, qui est vraiment la substance spermatique des êtres ; du Verbe divin découlent, comme d'une source, deux puissances séparées : la puissance créatrice, suivant laquelle l'artiste, qu'on appelle Dieu, a fondé et ordonné l'univers ; la puissance royale, suivant laquelle le démiurge, qu'on appelle Seigneur, commande aux choses créées ; sur ces deux puissances, en poussent d'autres : de la puissance créatrice germe la puissance de miséricorde dont le nom propre est bienfaitrice ; de la puissance royale germe la puissance législative dont le véritable nom est celle qui châtie ; sous ces puissances et autour d'elles est l'arche : l'arche est le symbole du monde intelligible. Philon arrive ainsi en remontant vers l'Etre à cette énumération : le monde intelligible accompli par le nombre sept ; les deux puissances correspondantes du châtiment et du bienfait ; deux autres qui les précèdent, la puissance royale et la puissance créatrice ; au sixième degré, le Logos ; enfin, dit Philon, Celui qui parle ; ou alors, en partant du degré supérieur, d'abord Celui qui parle, et après, le Verbe, la puissance créatrice, la puissance royale ; sous la créatrice, la puissance bienfaisante ; sous la royale, la puissance du châtiment ; enfin, le monde intelligible. Mais cet ordre est celui de l'existence ; pour ce qui est de la connaissance, il n'en va pas de même. C'est ce que signifie, dit encore Philon, par allégorie, la loi sur les six villes de refuge (*De fuga et inventione*, § 95, sq ; surtout § 97, 98) : parmi les fugitifs, les plus rapides seuls par-

viennent jusqu'au degré très élevé du Logos divin,
source de la sagesse ; les autres, moins prompts,
n'arrivent qu'aux puissances, à la puissance créatrice,
que Moïse appelle Dieu, ou à la puissance royale,
ou enfin, aux puissances inférieures, la puissance
de miséricorde, celle qui indique ce qu'il faut faire,
et celle qui défend le mal. Pour l'âme pieuse, connaître
cette puissance et éviter le mal est le degré infime du
culte moral et spirituel ; mais on sait que, dans la
pensée de Philon, c'est déjà un grand bien, pour les
âmes qui ne peuvent atteindre jusqu'au Logos ou jusqu'à
l'Un, d'arriver aux puissances inférieures.

En général, Philon ne donne pas des énumérations
aussi longues : il se borne aux deux premières qui sont
les plus anciennes, les plus voisines de l'Etre : la puissance créatrice et la puissance royale. Dans le *Traité
sur Abraham*, Philon commente l'apparition des trois
anges; il y reconnaît, toujours d'après sa méthode allégorique, Dieu et les deux puissances supérieures : Dieu,
dit-il, entre les deux puissances qui le servent, se présente à l'esprit qui le contemple tantôt comme un,
tantôt comme trois; comme un, lorsque l'esprit purifié
et ayant dépassé non seulement la multiplicité des
nombres, mais encore la dyade voisine de la monade,
s'élance vers le pur, le simple et le parfait en lui-même;
comme trois, lorsque n'étant pas initié aux grands
mystères, il célèbre encore les petits, et que, ne pouvant
saisir l'Etre par lui-même et sans un secours étranger,
il l'atteint dans ses œuvres, comme Créateur ou Providence. Lors donc que le sage (Abraham) engage les personnages, qui paraissaient être trois voyageurs, à
accepter chez lui l'hospitalité, il leur parle, non point
comme à trois, mais comme à un seul, et il dit : « Seigneur, si j'ai trouvé grâce devant toi, ne fuis pas ton
serviteur. » Ces expressions : Seigneur, devant toi, ne
fuis pas, et autres semblables, indiquent le singulier et
non pas le pluriel : elles ne s'adressent qu'à une personne. Et lorsque les hôtes goûtent les charmes de l'hospitalité, c'est encore un, comme s'il était seul présent,
qui promet à l'hôte la naissance d'un fils, pour le
récompenser. Les trois personnages, ce sont en réalité,
Celui qui est, et à côté les deux puissances les plus

antiques et les plus rapprochées de *Celui qui est,* la puissance créatrice et la puissance royale. Mais la faiblesse humaine, dit-il dans les *Questions sur la Genèse* (VI, 8, p. 251, 252), nous empêche souvent d'atteindre l'Etre dans son unité, car de même que l'œil corporel, quand il est affaibli, perçoit deux lumières au lieu d'une, de même l'œil de l'âme, ne pouvant saisir l'un comme un, éprouve une triple perception, par suite de l'apparition des deux puissances principales qui assistent l'un et sont ses ministres.

L'idée de la transcendance divine domine toute cette théorie du Logos et des puissances; mais en d'autres endroits (*Traité de la Création, De la Confusion des Langues*), intervient aussi l'idée des opérations qui conviennent ou ne conviennent pas à Dieu et la préoccupation de résoudre le problème du mal. Au moment de créer l'homme, Dieu dit : « Faisons l'homme à notre image et à notre ressemblance. » Réclame-t-il donc un collaborateur, lui qui est tout-puissant, et alors qu'il s'agit d'un être si faible, si petit? La véritable cause qui exige ici le concours de plusieurs est connue de Dieu seul; mais à défaut de la véritable, en voici au moins une qui est vraisemblable : il appartenait en propre au Dieu créateur de faire par lui-même seulement les choses bonnes ou mêmes les choses indifférentes; mais qu'il fît les choses mixtes, c'était en partie convenable, et en partie non convenable. Le terme *faisons* indique un appel aux puissances qui prêteront leur concours; d'où il apparaît que Dieu est la cause de ce qu'il y a d'irrépréhensible en l'homme soit pour les pensées, soit pour les actions; mais la cause des pensées comme des actions répréhensibles, ce sont les autres, ce sont les serviteurs à qui Dieu ordonna d'achever la création de l'homme. Il fallait, en effet, que le Père ne produisît chez les siens aucun mal. Or, parmi toutes les créatures, l'homme seul possède la science du bien et du mal : il choisit souvent le pire et il délaisse ce à quoi il devait s'attacher. Donc, Dieu partage avec les puissances qui lui sont soumises la création de l'homme; il dit: *faisons l'homme,* et dès lors, tout le bien qui est dans l'âme humaine se réfère à Dieu seul, et toute la malice aux autres. Il ne parut aucunement convenable au maître universel de former par lui-même dans l'âme raisonnable la force qui conduit au mal ; aussi abondonna-t-il aux puissances inférieures l'institution de cette force.

Cette conception d'un Dieu transcendant, qui n'est cause d'aucun mal, dont la pureté et la sainteté sont si grandes qu'il n'est pas digne de Lui de toucher le monde sensible, amenait nécessairement Philon à une conception originale de la Création et de la Providence. Les Grecs, eux, remontaient de la nature à Dieu ; la marche était régressive ; pour Philon, au contraire la marche est progressive : l'Etre existe d'abord et se suffit ; le monde en dérive ensuite comme il peut.

Mais comment le monde vient-il de Dieu ? C'est ce que Philon va nous dire maintenant.

3. *La Création.* — On trouve certainement chez Philon l'idée d'une création *ex nihilo* ; mais on y trouve aussi celle d'une création à divers degrés par des intermédiaires.

Dans un passage du *De somniis*, Philon oppose la doctrine spécifiquement juive de la création à la théorie grecque de la matière et du démiurge, lorsqu'il affirme que Dieu est non seulement démiurge, mais encore créateur. Ailleurs, dans les *Questions sur la Genèse*, ou dans le traité *De Cherubim*, il établit des distinctions entre principe et principe, entre cause et cause. Il y a une différence, dit-il, entre être par un principe, sortir d'un principe, exister par l'intermédiaire d'un principe. Pour la production d'un être quelconque, bien des principes doivent concourir : la cause efficiente ou cause proprement dite, la cause matérielle, la cause instrumentale et la cause finale ou le motif qui a fait entreprendre. Si quelqu'un demandait ce qu'il faut pour la construction d'une maison ou d'une cité, on dirait : un ouvrier, des matériaux, etc. Et si l'on passe de ces constructions particulières à la grande maison, à la grande cité qui est le monde, on trouvera que la cause, c'est Dieu qui l'a fait : la matière, ce sont les quatre éléments dont il a été composé ; l'instrument est le Logos divin, par qui il a été construit ; le but de la construction, c'est la bonté du démiurge. Or Dieu est véritablement cause, et non instrument, bien plus, au sens rigoureux du terme,

Dieu est une cause créatrice. Tous les philosophes ont ignoré le dogme de la Création : mais Moïse, instruit de Dieu, a pu raconter l'origine des choses. Les réalités qui d'abord n'étaient pas, Dieu les a créées, car rien ne peut résister à la toute-puissance de Dieu ; et il les a créées sans matière, sans instrument, sans intermédiaire. C'est ainsi que, selon Philon, les choses intelligibles les intelligences pures, par exemple, ont été engendrées par Dieu « sans mère » c'est-à-dire sans matière. A l'apparition de ces réalités-là peut s'appliquer, en toute rigueur de terme, le mot de Création *ex nihilo*.

Mais peut-on en dire autant de la formation des êtres sensibles ? Il faut bien plutôt, dit Philon, se demander si ces êtres sont dignes d'une origine divine et si leur capacité de réception correspond à la toute-puissance de Dieu.

Du moment où Dieu eut résolu de former l'univers visible, il institua d'abord, comme modèle, l'univers intelligible : ce devait être pour son œuvre un modèle incorporel tout semblable à Dieu ; et d'après ce modèle, Dieu instituerait le monde corporel, image postérieure au primitif original, et image contenant autant d'espèces sensibles que l'original contient d'espèces intelligibles. Et tout ce monde intelligible sépare Dieu du monde sensible : il n'est d'ailleurs que le Logos de Dieu en tant que Créateur. Comme transcendant, comme saint et comme ineffable, Dieu doit être à l'abri de toute chose sensible, profane. Il n'est pas digne de Dieu de toucher la matière primitive, et de même que Platon plaçait au-dessus de tout, l'Idée du Bien et au degré infime, le non-être, de même Philon affirme, plus énergiquement encore, la transcendance absolue de Dieu sur la matière. Seules les réalités les meilleures viennent directement de Dieu, mais Dieu a employé les puissances incorporelles pour donner à chaque genre la forme convenable, de sorte que les choses qui ont été tirées de la matière l'ont été sans que Dieu les touchât lui-même, car il n'était pas dans l'ordre que l'indéterminé, l'informe, eût contact avec l'Etre Sage et heureux.

Mais le Père de toutes choses était bon : c'est pourquoi il ne refusa pas d'orner une matière qui, d'elle-même, ne possédait aucune beauté, mais qui, par le moyen du Verbe et des Puissances était susceptible de devenir toutes choses. D'elle-même, la matière était sans ordre, sans qualité, sans vie ; mais elle pouvait recevoir une manière d'être toute contraire : l'ordre, la qualité, la vie, enfin ce que comporte l'idée du meilleur. Dieu donna donc à cette matière, non autant que sa grâce pouvait donner, car elle est indicible et infinie, mais autant que la capacité des choses pouvait recevoir et, en effet, à l'absolue puissance de Dieu pour répandre le bien ne correspond pas chez la créature une égale puissance de réception. Par là s'explique l'imperfection naturelle et morale des choses créées.

Rien ne saurait sans doute mieux illustrer toutes ces idées de Philon que son commentaire de la création de l'homme (*Traité de la Création*, § 134, sq ; *Allégories des Lois*, I, § 31, sq.). Dieu, dit l'Écriture (*Gen.* II, 7), façonna l'homme en prenant une motte de terre, et il insuffla sur sa face un souffle de vie, et l'homme naquit en âme de vie. Philon se demande dans quelle mesure l'homme est la créature de Dieu, et tout de suite il distingue, d'après sa méthode allégorique, l'homme céleste, selon l'image de Dieu, que Dieu a créé, et l'homme terrestre, sensible, que Dieu a façonné. L'homme céleste, en tant que créé à l'image de Dieu, est un être intelligible, sans matière, ni mâle, ni femelle, incorruptible par nature ; l'homme terrestre a été façonné par les Puissances : il est sensible, matériel, homme ou femme, naturellement mortel, capable de choisir le pire et de délaisser le meilleur. Ce qu'il y a de supérieur en l'homme se réfère à Dieu ; mais le reste doit se référer aux Puissances.

4. *La Providence.* — La doctrine philonienne de la Providence présente un parallélisme frappant avec celle de la Création. Dieu crée par lui-même et par des intermédiaires; de la même manière, Dieu providence ne cesse jamais d'agir et confie en même temps à des puissances les tâches qu'il ne lui convient pas d'accomplir. Comme le propre du feu est de brûler, et celui de la neige de refroidir, de même, le propre de Dieu est d'agir, et même beaucoup plus, d'autant qu'il est pour

tous les autres êtres principe de leur action. Il faut
concevoir, dit Philon, que Dieu infaillible est le soutien,
la force et la stabilité de toutes les choses auxquelles
il a voulu assurer une stabilité. C'est une prière de
demander à Dieu ses biens; mais la prière par excel-
lence consiste à croire que Dieu, par lui-même, est la
propre cause des biens, et que nul autre agent, même
s'il paraît contribuer au résultat, ne joint à l'action de
Dieu sa propre action. Nul agent ne fait cela : ni la
terre avec sa force productive, ni les pluies avec leur
influence sur les germes et sur les plantes, ni l'air avec
sa force nutritive, ni l'agriculteur et son action sur les
récoltes; ni la médecine et son action à l'égard de la
santé; ni le mariage et son rapport avec les naissances.
Lorsque des hommes prétendent avoir obtenu par le
moyen de Dieu un résultat, ils prennent la cause efficiente, qui est Dieu, pour une cause instrumentale; et
ils prennent la cause instrumentale, qui est l'esprit de
l'homme, pour une cause efficiente. La droite raison
condamnera toujours Joseph qui disait : « J'ai trouvé
par l'intermédiaire de Dieu l'explication des songes. »
Il aurait dû dire que de Dieu, comme véritable cause,
proviendrait la faculté d'exposer les songes et de les
expliquer. C'est nous qui sommes les instruments par
le moyen desquels s'exerce partiellement une énergie;
nous sommes les instruments parfois tendus, et parfois
mis en repos. L'artiste, c'est celui qui a construit l'édi-
fice de notre corps et des puissances de notre âme.

Dieu agit donc incessamment dans le monde et dans
l'âme humaine; mais il ne faut pas oublier qu'il peut
aussi régir le monde et l'âme humaine par le Logos, les
Puissances, et même par d'autres intermédiaires. Pour
Philon, le monde est la grande cité régie par un seul
gouverneur et une seule loi; cette loi, c'est le logos de
la nature, qui ordonne ce qu'il faut faire, défend ce
qu'il ne faut pas faire. Une convenance existe également, selon Philon, à l'égard des Puissances servantes
de Dieu et inférieures à Dieu : le grand roi s'occupe de
la sécurité commune mais il laisse les autres besognes
à ses ministres. Ainsi les Puissances distribuent les
châtiments qu'il ne convient pas à Dieu d'infliger.
Certes, ces châtiments ne se distribuent pas sans le

commandement de l'autorité divine, car à aucune d'entre les Puissances Dieu n'a laissé complète liberté : il craignait qu'un désordre ne s'ensuivît et les a toutes tenues reliées à lui-même, assuré que, de la sorte, le mouvement total serait toujours harmonieux; mais ils sont appliqués par d'autres que Dieu, dont la nature s'accorde davantage à cette fonction. Au-dessous du Logos et des autres Puissances, il y a encore d'autres intermédiaires providentiels, comme, par exemple, le prophète. Nous avons vu, en effet, Philon établir que toutes les paroles de l'Ecriture sont des oracles divins, mais distinguer tout de suite les oracles qui procèdent de Dieu ou de la face de Dieu, de ceux qui proviennent du prophète, de l'homme inspiré qui sert d'instrument à Dieu.

Toutes ces idées générales se retrouvent non seulement dans le traité spécial *De la Providence*, mais encore dans le traité *Quel est l'héritier des choses divines*, dans les *Allégories de la Loi*, dans les *Questions sur l'Exode*, dans les écrits plus proprement historiques, le *Contre Flaccus*, ou de la Providence, comme on dit d'ordinaire, l'*Ambassade à Caïus*, où Philon rassemble les preuves qui établissent « que Dieu s'intéresse au peuple juif et ne lui refuse pas son secours ». Et dans toute l'œuvre de Philon se retrouve l'idée d'un plan providentiel qui se réalise ou par Dieu lui-même ou par les intermédiaires. La théorie des intermédiaires y est même poussée, à certains moments, jusqu'à ses extrêmes limites. Sous ce rapport, rien n'est plus curieux que le passage de la *Vie de Moïse* (Lib. I, § 96-147), où il s'agit des dix plaies d'Egypte. D'après Philon, Dieu divise en plusieurs catégories les dix peines dont il entend frapper les Egyptiens : les trois premières qui sont relatives aux éléments les plus épais, l'eau, la terre, et qu'il fait appliquer par le frère de Moïse; les trois suivantes qui concernent les deux autres éléments, l'air, le feu, et qu'il fait appliquer par Moïse lui-même; la septième qu'il fait appliquer par Moïse et par son frère, lorsque tous deux par le commandement de Dieu prirent dans leurs mains des cendres de fournaise que Moïse jeta vers le ciel, ensuite de quoi les Egyptiens furent atteints d'affreux et cuisants ulcères qui les consumaient, Aaron agissant par le moyen des cendres, « vu qu'il avait reçu, dit Philon, la surintendance sur toutes les choses de la terre », et Moïse agissant par le moyen de l'air et du feu; quant aux trois autres peines qui restaient, elles furent appliquées sans l'intermédiaire des éléments du monde ou de l'homme. Entre temps, Philon fait toutes sortes de considérations sur la Providence et sur le plan providentiel.

Si Dieu commence à appliquer les peines qui ont rapport à l'eau (eau changée en sang, miraculeuse abondance de grenouilles), c'est que les Egyptiens ont toujours honoré par-dessus toutes choses l'eau, l'estimant être le principe de tout ce qui est en ce monde : alors, Dieu s'en sert premièrement pour amender ces méchants qui en faisaient tant de compte, car il voulait les corriger et non pas détruire leur race. Mais à mesure que les Egyptiens s'endurcissent, les autres éléments, puis Aaron, Moïse, et les deux frères ensemble servent d'intermédiaires providentiels pour d'autres châtiments. Enfin les intermédiaires eux-mêmes sont supprimés pour les trois plaies les plus graves. Seuls les Egyptiens sont frappés; pourtant, il est bien évident que nul ne peut se passer des éléments ou se soustraire à leur influence. Comment se passer de l'eau ? Comment s'évader de l'air ? Mais chose vraiment merveilleuse et bien propre à amener à la piété les Hébreux qui en étaient les témoins : ces mêmes éléments qui servaient au châtiment des Egyptiens restaient pour eux seuls des objets de bénédiction. Où vit-on jamais pareille distinction entre le bien et le mal, entre la bénédiction et le châtiment? Emus par tous ces grands événements, les Egyptiens s'amendèrent, et quelques-uns même suivirent les Hébreux.

Remarquons enfin que, pour Philon, il faut toujours admirer la nature de l'univers et se plaire à tout ce qui se fait dans le monde, en dehors du vice volontaire, cherchant non si quelque chose n'est pas arrivé à notre gré, mais si à la façon d'une cité bien réglée, le monde est guidé et gouverné salutairement.

5. *Le Monde.* — Non seulement les quatre éléments sont soumis à une direction providentielle; mais encore

le monde lui-même est conçu comme un intermédiaire subordonné à Dieu, supérieur à l'homme, dont toutes les parties sont soumises à Dieu comme des esclaves, pour la fonction qu'il voudra. Les textes abondent dans Philon où le monde est représenté tantôt comme une puissance bienfaisante, et tantôt comme une puissance de châtiment. C'est pour le châtiment des injustes qu'il y a des fléaux, des bêtes féroces et des reptiles : et pour les bons, il y a les « dons de la nature », car les éléments rendent chacun des services, la terre, pour la demeure et la nourriture ; l'eau, pour la boisson, le bain, la navigation ; l'air, pour la respiration et la variété des saisons ; le feu terrestre pour les aliments et la chaleur, le feu céleste pour la lumière.

Il ne faut pas s'attendre à trouver chez Philon une cosmologie rigoureuse, mais bien plutôt des observations de physique, des notions élémentaires d'astronomie, des résumés de doctrines orientales ou stoïciennes, qui se présentent au hasard de l'explication allégorique et parfois à la faveur d'une ressemblance de mots ou d'une association d'idées. L'exposé le plus complet se trouve au livre deuxième des *Questions sur l'Exode* (69-93), où il traite successivement du monde en général, du ciel et du monde sublunaire. Philon ne dépasse pas la science de ses contemporains. Chose digne de remarque, il partage encore les croyances animistes de son temps, et son animisme ne diffère guère de l'animisme de toute la Grèce. Ainsi, pour lui, le monde, considéré dans son ensemble, est un vivant, un être animé, raisonnable, doué de vertu et philosophe par nature ; chacun de ses éléments est habité par des êtres vivants et se trouve ainsi animé : la terre, par les animaux terrestres ; la mer et les fleuves par les êtres aquatiques ; l'air, par des anges qui sont invisibles pour nous ; et la lacune des animaux qui animent le feu terrestre est comblée par la légende des salamandres. Quant au feu céleste, quant aux astres, ce sont des âmes absolument pures et divines : leur mouvement régulier et circulaire est celui qui ressemble le plus à l'activité de l'intelligence. C'est seulement au-dessous de ce grand vivant qu'est le monde que doit se placer l'homme terrestre, ce microcosme formé des mêmes éléments que le monde, chaque élément y ayant contribué pour sa part.

6. *Anthropologie ; l'âme humaine.* — Nous ne reviendrons pas sur la grande distinction philonienne de l'homme céleste créé à l'image de Dieu et de l'homme terrestre. Rappelons seulement ses doctrines sur l'âme humaine. De même que le monde est animé, de même l'homme, lui aussi, a une âme. Mais ce mot âme peut se prendre en un double sens, dans un sens global et dans un sens plus restreint : il désigne, en effet, l'âme totale, et aussi la partie régulatrice qui est, à vrai dire, l'âme de l'âme. La première nous est commune avec les animaux : elle a pour substance le sang ; mais l'essence de la partie régulatrice, c'est le souffle divin. Le discours sacré dit que Dieu insuffla un souffle de vie et que l'homme naquit en âme de vie. Qu'est-ce à dire, sinon que Dieu inspira ou mit une âme dans ce qui était inanimé, car nous ne sommes pas assez ineptes pour penser à de l'air mis en mouvement et pour croire que Dieu a une bouche ou des narines. Dieu souffle donc sur le visage en un sens direct et en un sens moral : au sens direct, c'est sur le visage qu'il fit les sensations et c'est principalement cette partie du corps qui a une âme ; au sens moral : comme le visage est la partie principale du corps, l'intelligence est la partie principale de l'âme : c'est sur elle seule que Dieu souffle, et il ne daigne pas le faire sur les autres parties, les sensations, le langage, et la partie génératrice, car elles sont, en puissance, au second rang, Par qui donc ces parties ont-elles reçu le souffle ? Evidemment par l'intelligence, dit Philon ; l'intelligence transmet à la partie irrationnelle de l'âme une portion du souffle qu'elle a reçu de Dieu ; et ainsi l'intelligence a été animée par Dieu, et la partie irrationnelle par l'intelligence. C'est comme si l'intelligence était le Dieu de la partie irrationnelle. Car parmi les êtres, les uns sont produits directement par Dieu ; les autres, par Dieu et un intermédiaire. Les êtres les meilleurs sont produits directement par Dieu, et l'intelligence, la partie régulatrice, l'âme de l'âme, est parmi ces êtres. La partie irrationnelle dérive de Dieu, mais par le moyen de l'élément rationnel qui est dans l'âme le chef et le roi. On

pourrait dire que l'intelligence née à l'image et à la ressemblance de Dieu a participé au souffle, et la partie irrationnelle, qui est plus faible, à une brise : le souffle contient la notion de force, de tension, de puissance ; la brise est une exhalaison, une émanation moins forte. (*Comment. allég. des saintes lois,* I, 31-43, trad. Bréhier.)

On connaît bien la distinction platonicienne de la partie rationnelle de l'âme et des parties irrationnelles : partie irascible, concupiscible, goût de la jouissance ; nous allons retrouver, chez Philon, à propos des divisions de l'âme ou du nombre des âmes, des passages qui rappellent beaucoup Platon, et tout particulièrement le mythe du *Phèdre.* « Il faut penser, dit Philon, que notre âme a trois parties : l'une est celle de la raison, l'autre celle du cœur, l'autre celle du désir. Il s'est trouvé que la place et le séjour de la partie raisonnable est la tête, celle de la partie courageuse la poitrine, celle de la partie des désirs le ventre. Une vertu propre à chacune de ces parties y correspond : à la partie rationnelle, la prudence, car c'est à la raison qu'appartient la science de ce qu'il faut faire et ne pas faire ; à la partie courageuse, le courage ; à la partie des désirs la tempérance, car la tempérance donne aux désirs remède et guérison. Comme la tête est dans l'animal la première et la plus haute partie, que la deuxième est la poitrine, et la troisième le ventre, la première des vertus est aussi celle qui réside dans la première partie de l'âme, la partie raisonnable, et du corps, la tête : à savoir la prudence ; la deuxième est le courage qui se fixe dans la deuxième partie de l'âme, le cœur, et du corps, la poitrine ; la troisième est la tempérance qui se rapporte au ventre, la troisième partie du corps, et à la faculté des désirs, qui a dans l'âme la troisième place... Lorsque les trois parties de l'âme sont d'accord, naît la quatrième vertu, la justice. L'accord pour elles, c'est la domination de la meilleure ; par exemple, lorsque les deux facultés du cœur et du désir sont guidées comme des coursiers par la partie rationnelle, alors naît la justice : car il est juste que toujours et partout le supérieur commande, et l'inférieur soit commandé ; mais la partie raisonnable est supérieure, celles du cœur et des désirs sont inférieures. Lorsque, au contraire, le cœur et le désir regimbent et résistent, lorsque par la force de leur élan, ils entraînent et subjuguent leur cocher, je veux dire la raison, alors l'injustice règne ; par l'inexpérience et le vice du cocher, l'attelage est nécessairement jeté dans les précipices et les gouffres, comme il est préservé par l'expérience et la vertu. » (*Comment. allég.*, 70-74, trad. p. 51, 53.)

Philon s'inspire également d'un important passage du *Phédon* lorsqu'à propos du texte de la *Genèse* (II, 17) : « Le jour où vous en mangerez, vous mourrez de mort, » il parle de deux sortes de mort. Quand Adam et Eve ont mangé, remarque Philon, non seulement ils ne meurent pas, mais ils ont des enfants et sont, pour d'autres, causes de la vie. Que faut-il dire? Qu'il y a une double mort, celle de l'homme, et la mort particulière de l'âme ; celle de l'homme est la séparation de l'âme et du corps ; celle de l'âme, la perte de la vertu et l'acquisition du vice. Et peut-être cette seconde mort est-elle le contraire de la première : celle-ci est une dissolution du composé du corps et de l'âme ; l'autre, au contraire, une rencontre des deux, où domine l'inférieur, le corps, et où le supérieur, l'âme, est dominé : elle consiste en ce que l'âme meurt à la vie de la vertu, mais vit de la vie seule du vice. Héraclite a eu raison de suivre en ceci le dogme de Moïse, quand il dit : « Nous vivons de leur mort, nous sommes morts à leur vie. » Car actuellement, lorsque nous vivons, l'âme est morte, et est ensevelie dans le corps, comme dans un tombeau ; et, par notre mort, l'âme vit de la vie qui lui est propre, et elle est délivrée du mal et du cadavre qui lui était lié, le corps. (*Ibid.*, § 105-108.)

D'une manière plus évidente encore Philon platonise, ou, à tout le moins, reproduit d'antiques doctrines de la Grèce lorsqu'il parle des destinées des diverses âmes. L'air, dit-il est le domicile des âmes incorporelles. Les unes sont destinées à des corps mortels, et, en des périodes fixes, elles doivent retrouver leur premier état ; les autres, plus divines, se tiendront toujours loin des régions terrestres. Les philosophes grecs les nomment héros ou démons. Moïse emploie un terme plus juste, il les appelle anges. Or, parmi toutes ces âmes, quelques-unes sont descendues dans des corps. C'était, pour nombre d'entre elles, avec un puissant élan, et le corps les absorbait. Mais d'autres ont surnagé et sont bientôt retournées vers les régions supérieures : ces âmes sont celles qui se livrent à la philosophie. Les autres se remarquent chez tous ceux à qui la sagesse reste étrangère. Il arrive même qu'après une première existence terrestre, quelques âmes veulent encore retourner dans un corps ; mais d'autres s'en tiennent éloignées, reconnaissant la vanité du corps, le considérant comme une prison, un tombeau. Gardons-nous, en effet, dit Philon, de penser que chacun de nous fasse autre chose que porter un cadavre. L'âme éveille le corps, qui est de lui-même un cadavre, et le porte sans fatigue. Comprenons bien l'effort de la tension de l'âme : l'athlète le plus vigoureux n'aurait pas la force de porter un moment sa propre statue, et l'âme, quelquefois jusqu'à cent ans, porte sans fatigue la statue de l'homme. Il est, comme j'ai dit, mauvais par nature, et insidieux envers l'âme. Par malheur, ceci n'est pas clair pour tous, mais pour Dieu seul et les amis de Dieu. C'est lorsque l'âme s'élève et est initiée aux mystères du Seigneur, qu'elle juge le corps mauvais et hostile. Mais lorsqu'elle abandonne la recherche des choses divines, elle le prend pour son ami, son parent et son frère, et de fait, elle se réfugie dans les choses qu'il aime. Par là diffèrent l'âme de l'athlète et celle du philosophe : l'athlète rapporte tout à la bonne constitution du corps, et il négligerait l'âme elle-même pour le corps ; le philosophe, amant du beau, donne ses soins à l'âme qui vit en lui ; il ne tient pas compte du corps qui est un vrai cadavre, visant seulement à ce que cette chose mauvaise, ce cadavre lié à elle, ne fasse pas de tort à la partie la meilleure, l'âme. (*Comment. allég.*, § 69-73 ; *De Somn.*, § 139-sq, etc.)

Nous touchons là à un point essentiel du philonisme, à l'opposition, qui se présente en maints endroits des œuvres de Philon, de la vie terrestre et de la vie céleste.

7. *La vie céleste, l'extase.* — La grande idée de Philon semble bien, en effet, avoir été celle d'une vie contemplative, à la fois philosophique et religieuse, d'une vie parfaite où l'âme aime à s'élever au-dessus

de la vie matérielle, jusqu'au monde intelligible, jusqu'aux puissances, jusqu'au Logos, jusqu'à Dieu.

Mais comment parvenir jusqu'à la vision de Dieu? A la vérité, certains hommes divins, Héraclite, Parménide, Empédocle, Zénon, d'autres encore, comme Pythagore et Platon, s'étant détournés d'en bas pour aspirer vers les hauteurs, ont pu deviner le démiurge d'après ses œuvres; mais ces divinateurs, qui, d'après la création, s'efforcent d'arriver à l'Incréé, ressemblent à ceux qui, d'après la dyade, voudraient atteindre l'unité. C'est au contraire d'après l'unité que l'on peut connaître la dyade.

Les philosophes ont échoué dans leur recherche de Dieu et Moïse lui-même subit divers échecs lorsqu'il supplia Dieu de se faire connaître. Philon aime alors à prendre pour thème général de sa discussion les versets 18 à 33 du ch. XXXIII de l'*Exode* : « Moïse dit : « Fais-moi voir ta gloire ». Iahvé répondit : « Je ferai passer devant toi, toute ma bonté, et je prononcerai devant toi le nom de Iahvé; je fais grâce à qui je fais grâce et miséricorde à qui je fais miséricorde. » Et Iahvé : « Tu ne pourras voir ma face, car l'homme ne peut me voir et vivre. » Et Iahvé dit : « Voici un lieu près de moi; tu te tiendras sur le rocher. Quand ma gloire passera, je te mettrai dans le creux du rocher, et je te couvrirai de ma main jusqu'à ce que j'aie passé. Alors, je retirerai ma main et tu me verras par derrière; mais ma face ne saurait être vue. » D'après lui, le Dieu transcendant et ineffable échappe à toute poursuite : il faudrait, pour *comprendre* Dieu, devenir Dieu soi-même, car lui seul peut se comprendre. Entendons par cet acte de *comprendre* Dieu un rapport de contenance : à propos de ce rapport Philon établit facilement que ni les âmes les plus pures, ni le ciel tout entier, ni le monde ne peuvent comprendre un Dieu transcendant et infini.

Faut-il donc renoncer à l'atteindre? Oui, s'il s'agit d'une recherche purement intellectuelle et si Dieu n'accorde pas la grâce de la vision; non, s'il s'agit des rapports moraux et religieux de l'âme envers Dieu, et surtout des rapports de Dieu avec l'âme pieuse, car Dieu, dit Philon, ne repousse pas l'âme qui se tourne vers lui, il va au-devant d'elle ; lui montre sa propre nature ; autant du moins que l'âme est capable de voir. Mais ce n'est pas le sage qui voit Dieu : c'est bien plutôt Dieu qui apparait au sage. Car il est impossible à qui que ce soit de percevoir par lui-même et sans secours l'Etre absolu : il faut que Dieu se manifeste et qu'il se montre. C'est pourquoi des adorateurs saints, légitimes et amis de Dieu ont obtenu comme une grâce la vision directe de Dieu. (*De Nobilitate*, n. 5 ; *De Abrahamo*, § 79, 80, etc.) Cette vision de Dieu est bien plutôt une extase, une sorte de présence de l'âme en Dieu, ou de Dieu en l'âme qu'une véritable connaissance. La preuve en est qu'elle est surtout définie et décrite en de nombreux passages, par les états de l'âme où elle se produit. L'extase n'est rien autre chose que la retraite de l'esprit sortant de lui-même. Les prophètes aiment cet état. Pendant la divination, en effet, lorsque la divinité emplit l'intelligence, celle-ci cesse d'exister en elle-même L'Esprit divin qu'elle reçoit en elle la fait cohabiter avec lui. — Méprisant les beautés sensibles, l'intelligence s'enivre d'une sainte ivresse. Comme les corybantes, l'enthousiasme la saisit. Autres sont ses amours, meilleurs sont ses désirs. Ceux-ci la portent jusqu'aux degrés les plus élevés des choses intelligibles. Elle semble se dépasser elle-même. Elle atteint le grand roi. Tandis qu'elle désire voir, la lumière déverse sur elle ses rayons doux et purs. De cette illumination soudaine, l'œil de la pensée reste en quelque sorte ébloui. — O âme, si quelque désir te vient d'hériter des biens divins, quitte non seulement la terre, ou le corps, ta parenté ou les sens, la maison paternelle (*Gen.*, XII, 1,) ou la raison, mais fuis-toi, sors de toi-même, comme les possédés et les corybantes, étant transportée et divinement agitée par une sorte d'inspiration prophétique. Quand l'intelligence est saisie par l'enthousiasme, lorsqu'elle ne demeure plus en elle-même, mais qu'elle est remuée, affolée par l'amour céleste, conduite par l'Être et attirée vers les sommets, la vérité la pousse, l'éloigne des objets inférieurs, la met sur la vraie route de l'héritage des biens divins. — Une seule apparition de Dieu et de ses Puissances emplit l'âme du sage du désir de ne plus en être séparé. (*Quœst. in Gen.*, III, 9 ; IV, 20 ; *De Opif. mundi*, § 71 ; *Quis rer. div. heres.*, § 69, 70.)

Ainsi, dans cette *vision* de Dieu, aucun objet n'est rigoureusement décrit, ni déterminé, mais seulement l'état de l'âme pieuse, état qu'elle voudrait définitif et permanent, où elle se sent comme soutenue et améliorée.

D'après Philon, cette vision de Dieu ne doit pas être considérée comme l'œuvre de l'âme, mais comme le don gratuit de Dieu qui daigne lui apparaître. Cependant Dieu n'apparaît pas indifféremment à n'importe quelle âme. Il est dit dans le discours sacré (*Exod.*, xxv, 8) : « Tu me feras un sanctuaire et j'apparaîtrai au milieu de vous. » Selon la lettre, il s'agit principalement du tabernacle ; mais selon l'esprit, cela veut dire qu'il faut préparer son âme, en faire un sanctuaire, un vrai temple de Dieu : autrement Dieu n'apparaîtra pas. C'est pourquoi, ô âme, si tu ne te prépares pas toi-même, si tu ne retranches pas tes convoitises, tes plaisirs, tes agitations, si tu ne rejettes pas tes folies, tes injustices et tes fautes, si, par ces conversions, tu ne te rends pas apte à la vision de la sainteté, tu mourras en aveugle et ne pourras pas voir le soleil intelligible. Que si, au contraire, ton âme devient comme un temple vivant qui puisse être consacré à Dieu, un jour viendra où des rayons divins t'éclaireront, où tu pourras voir Dieu, ce qui est le commencement et la fin de la félicité. (*Quœst. in Exod.*, ii, 51.)

Qu'est-ce à dire, sinon que la grâce de la vision de Dieu suppose dans l'âme qui en est favorisée non seulement une purification intérieure, mais encore une élévation progressive. La grande valeur de la vie va résider, pour Philon, dans ce mouvement de l'âme pieuse qui cherche à s'approcher de son Dieu.

8. *Le progrès moral.* — De son commerce avec les penseurs grecs, Philon avait retiré la foi en la supériorité de ses doctrines morales. Sa pensée ne s'arrête vraiment à aucun des systèmes que lui présentait la philosophie grecque, et cela pour plusieurs raisons. D'abord cette philosophie ne donnait guère de réponse aux grandes questions qui se posaient alors non seulement en Orient, mais encore dans le monde alexandrin. « Les Grecs, dit M. Boutroux, qui sont les hommes de la raison, de l'ordre et de l'harmonie, et qui répugnent

au mysticisme, ne sont pas troublés par le sentiment de l'infini : de l'infini, c'est-à-dire d'une beauté que nulle forme ne peut exprimer, d'une bonté, d'une félicité que la nature, avec toutes ses ressources, est à tout jamais incapable de réaliser. Ce sentiment étrange, l'homme, désormais, le trouve au fond de ses désirs, de toutes ses tristesses et de toutes ses joies. La morale hellénique ne peut en tenir compte. Au point de vue grec, c'est quelque chose d'absurde que cette inquiétude voulue de l'âme, cet effort pour saisir l'insaisissable. » (*Questions de Morale et d'Education*, Paris, Delagrave, 1899, La Morale hellénique, p. 15, 16.)

Ensuite, la philosophie grecque ne se préoccupait pas assez des besoins de l'âme religieuse. En morale, les Grecs étaient restés des physiciens, ou pour mieux dire, ils établissaient les natures morales comme des natures physiques, le portrait du Sage, les concepts des vertus, sans trop se soucier des mouvements de l'âme et de ses besoins. Philon le premier sut prendre conscience de la complexité mouvante des choses de l'âme : la vie intérieure est chez lui le véritable centre de la morale. C'est de ce point de vue qu'il se place, non pas pour accepter un des systèmes de morale de la Grèce, mais pour les juger et en faire connaître la signification. De là son appréciation de la morale cynique aux livres II et III des *Allégories des Lois,* de là ses critiques de l'idéal stoïcien et de l'idéal péripatéticien.

Toutefois, guidé par sa méthode habituelle et selon sa doctrine générale de la révélation, il ne s'interdit pas de reproduire à sa manière certaines idées de ses devanciers et principalement des Stoïciens. Pour en avoir la preuve, il suffirait de se reporter aux passages de ses traités où il parle, à la manière stoïcienne, de la grande confraternité humaine, où il rapproche de la loi juive le précepte de suivre la nature, où il retrace le portrait du sage. Par malheur, les œuvres de Philon se prêtent mal à ce genre de recherches, car le problème moral se pose presque toujours chez lui d'une façon détournée et comme épisodique. Quelques doctrines cependant se présentent çà et là avec un relief saisissant, et tout particulièrement celles du progrès moral et de la vertu. Ce sont d'ailleurs les doctrines plus proprement philoniennes.

Selon Philon, il faut bien se garder d'envisager le rapport de l'âme soit à la passion, soit à la vertu d'une manière univoque et comme à l'état statique ; il faut, au contraire, considérer l'âme dans ses mouvements et dans sa vie, il faut suivre les diverses étapes du progrès moral. De ce point de vue Philon distingue : l'âme neutre qui a reçu le souffle divin, mais n'a encore pratiqué ni le vice, ni la vertu ; l'âme qui a succombé au vice, celle du méchant qui est dans les passions ; l'âme qui débute dans la vie morale ; l'âme qui lutte contre les passions, celle de l'homme en progrès ou de l'ascète ; enfin, l'âme dans l'état de vertu, celle de l'être parfait, du Sage qui possède l'apathie complète et la vertu. (*Comment. allég.*, trad. Bréhier, Introd., p. XXXI, sq.)

L'âme neutre, la partie hégémonique de l'âme, est comparée à une cire qui peut recevoir toutes les empreintes, belles et laides. De même qu'en puissance il y a sur la cire toutes les empreintes, mais en acte seulement celle qu'on y a marquée, de même l'âme comme la cire, contient toutes les empreintes en puissance, non en acte ; une domine, celle qui a été marquée, tant qu'elle n'est pas effacée par un autre objet qui a marqué son empreinte plus distinctement et plus clairement. Lorsqu'elle reçoit l'empreinte de la vertu, est né l'arbre de vie ; lorsqu'elle reçoit celle du vice, est né l'arbre de la connaissance du bien et du mal. L'âme neutre a devant elle deux routes : la route royale de la vertu, la route raboteuse du vice.

Pour l'acquisition et l'usage de la vertu, il ne faut que la seule raison ; le corps n'est pas pour cela un aide, mais un obstacle ; c'est même l'œuvre de la sagesse de devenir étranger au corps et à ses désirs. Mais pour connaître le mal, il ne faut pas que l'intelligence seule soit modifiée, mais aussi la sensation, le langage, le corps. Le méchant a besoin de tout cela pour achever son vice ! Comment dévoilera-t-il les mystères s'il n'a pas d'organe vocal ? Comment usera-t-il des plaisirs, s'il est privé du ventre et des organes sensibles ? Il faut qu'il s'adresse à la raison seule quand il s'agit d'acquérir une vertu, et quand il s'agit du vice, à l'âme, au langage, aux sensations, au corps, car c'est par tout cela qu'il se manifeste. L'âme du méchant est dans l'esclavage des passions ; elle est embrasée et consumée par la sensation comme par un incendie, mordue par le plaisir, atteinte par la maladie de l'ignorance, souillée par l'athéisme. Lorsque l'âme succombe au vice, elle est dans un état de mort spirituelle, opposée à la vie véritable, car il y a, dit Philon, une double mort : celle de l'homme, et la mort particulière de l'âme ; celle de l'homme est la séparation de l'âme et du corps ; celle de l'âme est la perte de la vertu et l'acquisition du vice. (*Ibid.*, I, 105, trad. Bréhier, p. 75.)

Mais Dieu qui aime à donner nous appelle tous à participer à la vertu et à la désirer. Il n'a fait aucune âme sans germe de bien, et il peut se donner et se révéler à l'âme qui le désire. Au débutant dans la vie morale s'adresse cette grande recommandation : « Si tu cherches Dieu, ô pensée, recherche-le après être sortie de toi-même ; en restant dans la masse du corps ou dans l'orgueil de l'intelligence, tu n'es pas à la recherche des choses divines, t'imagineras-tu même les chercher ? Trouveras-tu Dieu en le cherchant ? Ce n'est pas certain ; il ne s'est pas manifesté à beaucoup, et beaucoup n'ont pas vu du tout la fin de leur effort. Mais il suffit pour avoir part au bien, de le chercher simplement ; les désirs des belles choses, même s'ils n'atteignent pas leur fin, réjouissent toujours par avance ceux qui les éprouvent. » (*Ibid.*, III, 47, 48, tr. p. 179, 181.)

L'homme en progrès vers le bien ou ascète possède la modération dans les passions ou les vertus partielles. Dans sa lutte contre les passions, il sait imiter l'athlète qui tantôt attaque directement et tantôt recourt à une feinte habile. Lorsqu'il voit la passion à terre, il attend et sait la vaincre de force ; mais lorsqu'il la voit élevée, hautaine et démesurée, il s'enfuit le premier, accompagné de toutes les parties de l'ascèse, la lecture, la méditation, le culte, les images des belles choses, la continence, l'accomplissement des fonctions.

Seul, l'être parfait, le sage, peut posséder l'apathie et

la vertu complètes. Mais c'est Dieu qui édifie dans l'âme la vertu générique ou sagesse. « L'intelligence égoïste et athée, dit Philon, pense être égale à Dieu, et se trouve à l'état passif, en croyant agir. Quand Dieu sème et plante l'honnêteté dans l'âme, l'intelligence qui dit : « Je plante », « commet une impiété. » C'est à Dieu qu'il faut rapporter toutes les vertus. Le bien est une offrande faite à Dieu, et l'âme devenue vertueuse est elle-même libation, parfum et offrande.

Ame neutre ou tablette intacte, lutte des passions et de la raison, défaites et succès partiels, en attendant la victoire définitive, telles sont les images dont Philon se sert le plus souvent dans sa description du progrès moral. Comme le fait remarquer M. Bréhier, on peut trouver l'origine de ces images soit dans des comparaisons usuelles de la philosophie grecque, soit dans le texte même du Pentateuque que Philon se donne à interpréter. Elles n'ont donc aucune originalité prises isolément ; mais il n'en va plus de même quand il s'agit de leur portée et de leur signification : si Philon les emprunte, là comme en beaucoup d'endroits de ses œuvres, c'est pour les faire servir à un nouvel usage ; elles deviennent chez lui des images frappantes des divers états moraux et religieux de l'âme humaine qui sait se détacher peu à peu de la vie terrestre pour s'approcher de son Dieu.

9. *Le culte spirituel, la véritable piété.* — Le but suprême que se proposait Philon, c'était le culte spirituel, la vie spirituelle pour lui-même et pour les autres. « Appliquons-nous, disait-il, de toute notre pensée, de toute notre raison, de toute notre force, au service de l'être non engendré, éternel, auteur de toutes choses. Gravons au plus intime de notre âme le commandement le plus sacré, qui est de connaître et d'honorer le Dieu unique, supérieur à tout. » Il ne craint pas de marquer toutes ses préférences pour le culte spirituel, et, selon lui, la véritable piété ne saurait consister dans la vaine observance des pratiques rituelles et des coutumes ancestrales.

Est-ce à dire que Philon néglige les pratiques cultuelles traditionnelles ou les considère comme peu importantes ? Pas le moins du monde. D'abord, sa vie

et ses œuvres sont là pour en témoigner. Il se donne
lui-même comme un Juif fervent, pieux observateur de
toutes les pratiques religieuses traditionnelles. Nous
savons qu'il conduisit le pèlerinage alexandrin à Jérusalem, pour y faire des prières et des sacrifices ; il visita
le Temple en détail, car il en décrit minutieusement
l'état et les rites dans son *Traité de la Monarchie*. Ses
croyances juives sont fermes et pures ; tout particulièrement, sa confiance en la Providence est inébranlable :
« Toutes les ressources humaines nous manquent, écrit-
il dans le récit de son *Ambassade à Caïus*, disons-leur
adieu ; affermissons dans nos âmes une confiance inébranlable en Dieu, notre Sauveur, qui souvent a délivré
notre nation des crises les plus terribles. » De plus, à
cause du respect dû à la lettre des Saintes Ecritures, il
accorde une réelle importance aux rites traditionnels :
« Nous acceptons la mort comme un gage d'immorta-
lité, dit-il dans le même récit historique, plutôt que de
laisser toucher à aucun des usages de nos ancêtres ;
persuadés qu'il en arriverait comme de ces édifices aux-
quels on arrache une pierre et qui, tout en paraissant
rester fermes, s'affaissent peu à peu et tombent en
ruines. » Et dans le *Contre Flaccus* : « Nous blâmera-
t-on de ne pas enfreindre volontiers la Loi, de rester
attachés aux saines traditions ? Mais quand le contraire
arrive, c'est une faute que l'on punit chez tous les
autres hommes. » Seulement, toujours par le moyen de
la méthode allégorique, et toujours d'accord avec ses
doctrines de la révélation et de l'inspiration, il double
le sens rituel des prescriptions d'un sens moral et spirituel, renforce ou prolonge en quelque sorte les dogmes
traditionnels par des doctrines supérieures qu'il considère encore comme révélées, couronne enfin le culte
liturgique d'un culte spirituel ; à preuve, par exemple,
le *Traité de la Circoncision* et les *Allégories des Lois*.
Dans le *Traité de l'Ivresse*, Philon décrit trois attitudes
possibles vis-à-vis de la Loi : d'abord, la considérer
comme une vénérable tradition ; ensuite, considérer les
lois positives comme sans importance et rendre à Dieu
un culte purement spirituel ; enfin, accorder la lettre et
l'esprit, en observant les lois positives, mais en leur
cherchant, par la méthode allégorique, un sens moral

et spirituel. Philon observe évidemment cette dernière
attitude, car d'un côté il se montre plus littéraliste que
les halachistes palestiniens, et de l'autre, il critique ceux
qui, sous prétexte d'explication spirituelle ou allégorique, tendent à négliger la lettre de la Loi : « Quelques-
uns, dit-il, bien assurés que le texte des lois symbolise
des réalités intelligibles, s'appliquent avec grand soin à
de telles réalités, et ils ne font plus aucun cas de la lettre.
Je blâme leur parti pris : il fallait, en effet, avoir souci
de l'un et de l'autre, rechercher avec grand zèle les
choses invisibles, et conserver comme un précieux
trésor l'élément visible. Mais eux se considèrent comme
seuls dans un désert, ou encore comme des âmes sans
corps ; ils ne savent plus rien de la cité, du bourg, de la
maison, ni absolument de la société humaine ; ils rejet-
tent les opinions que le grand nombre reçoit, ils recher-
chent la vérité toute nue et toute pure ; et pourtant le
texte sacré leur enseigne à se préoccuper de vérités
utiles, et à ne rien détruire dans des coutumes que les
hommes vénérables, plus grands que nous, ont établies.
Il est vrai, le septième jour signifie pour nous la puissance de l'incréé, et le repos imposé à l'œuvre de la
création ; mais ne faisons pas de cela un prétexte pour
détruire la législation du septième jour. N'allons pas, en
ce jour, allumer du feu, ou travailler la terre, ou porter
des fardeaux, ou réclamer des dépôts, ou juger des pro-
cès, ou exiger des intérêts, ou accomplir les autres
actions que, pendant les jours non fériés, on est libre
d'accomplir. Il faut assimiler la lettre au corps, et le
sens à l'âme. De même donc que l'on doit veiller sur le
corps, car il est la demeure de l'âme, l'on doit de même
tenir compte de la lettre ; et, en effet, la fidélité à obser-
ver littéralement les lois rend plus facile la connaissance des sens mystiques symbolisés par la lettre ; elle
permet aussi d'éviter le blâme et les accusations du
grand nombre. » (*Migr.*, 16, trad. Abbé Martin,
p. 25, 26.)

Il est vrai qu'à force d'exalter l'âme et le culte spirituel, Philon paraît bien un peu négliger ou mépriser le
corps et le culte rituel : « Ce n'est vraiment pas rendre
grâces à Dieu, comme pense le vulgaire, que de bâtir des
temples, faire des offrandes et des sacrifices, d'autant

que tout ce monde ne saurait être un temple suffisant pour sa gloire ; mais il faut l'honorer par des louanges et par des hymnes, non pas ceux que chante une voix mortelle, mais ceux qui procèdent de l'âme immortelle et très pure. » (*De plant.*, § 126.) Dans la pensée de Philon, pareille affirmation n'était pas destinée à combattre la religion traditionnelle, mais elle pouvait la transformer en esprit, et même en fait.

10. *L'apologétique philonienne.* — D'après l'apologétique de Philon, le peuple juif, le peuple élu est l'intermédiaire qui doit faire connaître le vrai Dieu et par qui les saintes lois doivent s'imposer au monde entier. Quoique resté très juif, Philon comptait beaucoup plus sur la Loi que sur le Messie pour faire la conquête du monde. Le messianisme ne tient qu'une très petite place dans ses écrits ; on le rencontre cependant, à n'en pas douter, dans les deux traités qui ont aujourd'hui pour titres : *De prœmiis et pœnis, De exsecrationibus.* Selon Philon, un jour viendra où « les villes naguère ruinées seront rebâties, le désert sera habité et la terre stérilisée deviendra fertile, de sorte que le bonheur des pères et des ancêtres paraîtra peu de chose au prix des biens inépuisables du présent. » Comme le fait remarquer le P. Lagrange (*Le Messianisme chez les Juifs*, Paris, 1909, p. 35), tous ces traits sont traditionnels. Seulement, suivant sa coutume, Philon concilie les données traditionnelles avec ses idées philosophiques et religieuses. Fidèle à sa méthode, il admet la réalité de la lettre : le Messie viendra donc, qui débarrassera les sages, les vertueux de leurs adversaires ; mais, selon l'esprit, ce qui a plus de relief dans ses œuvres, c'est le règne qui doit venir des Sages et des Saints : « Si, dans une ville, un homme est sage et saint, il paraîtra au sommet de la ville ; et de même une ville sainte, au-dessus de la contrée environnante ; mais si c'est la nation sainte, elle dominera toutes les nations comme la tête domine le corps, afin d'être vue, non pas tant pour la gloire que pour l'utilité de ceux qui contemplent ce spectacle. » (*De prœmiis*, xix, (ii, 426.) Cette nation sainte qui doit dominer, c'est évidemment le peuple juif tel que Philon se le représente, c'est-à-dire fidèle à la Loi et adonné au culte spirituel de Dieu.

Par malheur, autour de Philon, certains Israélites
répondent mal à l'idéal qu'il se fait du Sage : plusieurs
sont infidèles à la Loi, et quelques-uns même au culte
d'un seul Dieu. Par contre, il ne peut s'empêcher
d'accorder son estime aux meilleurs représentants de la
sagesse grecque, à tous ceux que la lumière divine
a éclairés et dont les œuvres constituent comme un
vaste commentaire de la doctrine révélée. Moïse, certes,
est le plus grand des théologiens, mais il ne faut
pas pour cela, selon Philon, négliger les philosophes
grecs : toute une partie de son apologétique tend,
en effet, à démontrer que l'on peut être à la fois juif
et philosophe. Inutile, selon lui, de parler de vérité
juive et de vérité grecque : il n'y a qu'une seule doctrine
révélée qui est certainement contenue dans le discours
sacré, mais qui se rencontre aussi dans la sagesse
grecque. La difficulté que l'on éprouvera toujours,
à propos de telle doctrine philonienne celle du Logos,
par exemple, à dire : voilà qui est juif, et voici qui est
grec, montre bien que Philon s'est placé à un point de
vue très spécial, celui de la doctrine révélée, pour opérer
la première synthèse des doctrines orientales et de la
pensée grecque.

L'Influence. — On a répété bien souvent que le brave
Juif d'Alexandrie ne fut ni un philosophe vraiment
original, ni un bon historien de la philosophie. N'empêche qu'il sut opérer la première pénétration du
judaïsme dans l'hellénisme, de l'hellénisme dans le
judaïsme, et que son influence se fit sentir bien au delà
des limites du monde alexandrin.

La Grèce polythéiste avait peu connu le mysticisme :
du moins, elle ne l'avait exprimé qu'accidentellement
dans sa littérature. Le sentiment de l'amour de Dieu,
qui nous paraît aujourd'hui inséparable de toute religion, n'était guère à la base de la religion des Grecs ;
il faut descendre jusqu'à une époque relativement
avancée pour rencontrer quelque chose qui y ressemble,
peut-être jusqu'au temps des Stoïciens, à l'*Hymne* de
Cléanthe à Zeus ou aux *Entretiens* d'Epictète. Philon
le Juif est vraiment le premier prosateur grec qui ait
su s'adresser à Dieu ou parler de Lui aux hommes avec
cet accent de piété ardente et de sincère solennité qui

allait devenir ordinaire aux écrivains chrétiens. On sait que les Pères de l'Eglise grecque, et, chez les Latins, saint Ambroise, ont lu et étudié Philon. Comme écrivains, ils lui ressemblent plus ou moins : c'est chez lui qu'ils ont trouvé des modèles de cette prose théologique ou religieuse qui se signale par ses airs déjà manifestes de lyrisme biblique et de spiritualité fort élevée. On sait aussi que les Grecs, artistes, amis de la nature, facilement optimistes, n'étaient guère tourmentés par le problème du mal moral, ni troublés par le sentiment de l'infini : de l'infini, c'est-à-dire, selon M. Boutroux, « d'une beauté que nulle forme ne peut exprimer, d'une bonté, d'une félicité que la nature, avec toutes ses ressources, est à tout jamais incapable de réaliser ». Philon s'est chargé de leur présenter le problème du mal et de l'infini sous toutes ses faces : la littérature touffue du néoplatonisme est là pour en témoigner.

De son côté, Philon lui-même a subi les influences grecques, surtout celle du stoïcisme. Les œuvres de Josèphe sont encore des œuvres juives; celles de Philon sont à la fois juives et grecques.

Et de même que les milieux alexandrins ou grecs se ressentirent de l'influence de Philon, de même les milieux chrétiens bénéficièrent, dans une certaine mesure, de l'œuvre de Philon : non que le christianisme soit redevable à Philon de quelque article de son symbole, de sa doctrine du Verbe, par exemple, puisqu'il est bien prouvé que ce n'est pas l'idée du Christ qui se trouve adaptée, dans les premiers documents chrétiens, au concept philonien du Logos, et que, tout au contraire, ce sont des concepts philosophiques qui sont utilisés et transformés pour rendre la doctrine chrétienne plus intelligible à la pensée alexandrine ou grecque, puisque, chez Philon, le Logos est surtout conçu comme un intermédiaire, une force, et même comme « un être métaphysique ou mythologique » bien plus que comme une personnalité nettement définie, tandis que, pour saint Jean, le Logos est Dieu, le Verbe est ce même Jésus-Christ dont il rapporte les discours et dont il raconte la vie terrestre ; mais il n'était cependant pas indifférent, pour les premiers missionnaires chrétiens, qu'eux-mêmes ou leurs auditeurs eussent déjà entendu parler de Dieu et de ses attributs, du Logos, des intermédiaires, de l'âme et de ses destinées, d'inspiration et de révélation.

On a pu déplorer, sous certains rapports, la nature de l'influence exercée par Philon : James Drummond, entre autres, se plaint qu'il ait contribué, pour sa part, à accréditer une exégèse défectueuse des textes sacrés et à fausser la notion de révélation, « reducing Revelation to a fantastic puzzle. » C'est là juger l'exégèse et la théologie philoniennes du point de vue moderne, et non pas du point de vue de Philon lui-même. Certes, il faudrait bien se garder de proposer Philon le Juif comme modèle aux exégètes modernes ou aux modernes historiens de la philosophie; mais sa préoccupation constante de créer, avec l'esprit juif et l'esprit grec, une forme unique de pensée constitue pourtant un des grands événements de l'histoire du monde alexandrin et même de l'histoire universelle.

NOTE BIBLIOGRAPHIQUE

Il ne saurait s'agir de donner ici une liste complète des traités de Philon le Juif ou des ouvrages relatifs au philonisme. Celle que M. Bréhier a placée en tête de sa thèse sur *Les idées philosophiques et religieuses de Philon d'Alexandrie*, Paris, Picard, 1908, ne tient pas moins de dix pages in-8', et, de l'aveu de l'auteur, pourrait être allongée. Mais les renseignements qui suivent ne seront peut-être pas inutiles. Il existe deux éditions commodes des traités de Philon : celle de Tauchnitz-Mangey, *Philonis Judaei opera omnia*, editio stereotypa, Lipsiae, 1893, t. I-VIII ; et celle de Cohn et Wendland, la meilleure et maintenant presque achevée, *Philonis Alexandrini opera quœ supersunt*, Berlin, Reimer, 1896-1909, vol. I-V de l'*editio minor*. Cette *editio minor* reproduit la grande édition mais ne contient que le texte, sans apparat critique. Nous n'avons pas de traduction française complète des œuvres de Philon. Celle de Pierre Bellier, *Les Œuvres de Philon le Juif*, auteur très éloquent et philosophe très grave, mises de grec en français, Paris, 1588, est intéressante, mais incomplète et insuffisante. Il faut y ajouter cependant la traduction du *Contre Flaccus* et de la *Légation à Caïus* (F. DELAUNAY, *Philon d'Alexandrie, Ecrits historiques*, Paris, Didier, 1867) ; et celle de M. Em. Bréhier (PHILON, *Commentaire allégorique des saintes lois*, Paris, Picard, 1909). On possède en outre la *Chrestomathia philoniana* de Dahl, Hambourg, 1880, et la traduction anglaise de Yonge, *The Works of Philo Judaeus, the contemporary of Josephus*, 4 vol., 1854, 1855, Bohn's ecclesiastical library.

Les études générales sur Philon sont fort nombreuses. Signalons, entre autres, les suivantes : E. VACHEROT, *Hist. crit. de l'Ecole d'Alexandrie*, Paris, 1846-51, t. I, p. 117-167 ; JAMES DRUMMOND, *Philo Judœus, or the Jewish Alexandrian Philosophy in its Development and completion*, 2 vol., London, 1888 ; ED. HERRIOT, *Philon le Juif*, Paris, Hachette, 1898 (moins objectif et moins pénétrant

que les études de M. Martin ou de M. Bréhier); Edw. Caird,
The Evolution of Theology in the Greek Philosophers,
Glasgow, 1904, vol. II. p. 184-209 ; Abbé Martin, *Philon,*
coll. *Les Grands Philosophes,* Paris, Alcan, 1907 ; Em.
Bréhier, *op. cit.,* Paris, Picard ; J. Lebreton, *Les Origines
du Dogme de la Trinité,* Paris, Beauchesne, 1910, p. 153-
205, (Le judaïsme alexandrin) ; Note G, p. 495-506 (La
doctrine du Logos chez Philon et la doctrine du Fils dans
l'Epître aux Hébreux) ; Note J, p. 515-523 (La doctrine du
Logos chez Philon et chez saint Jean) ; *Grande Ency-
clopédie,* Philon d'Alexandrie, art. de E. Blum ; *Diction-
naire de la Bible de* Vigouroux, art. *Logos* du P. Prat,
col. 323 à 329 ; *Dictionary of the Bible by Hastings,*
Extra volume, *Philo,* by James Drummond ; *Revue biblique,*
1ʳ Avril 1903, p. 212, sq ; *Etudes,* 20 mars 1906, p. 764-
795 ; *Revue de philosophie,* juillet 1906, p. 104-124 ; janv.
1907, p. 43-51 ;... etc. — Enfin, nous nous permettons de
renvoyer au ch. vii de nos « *Doctrines religieuses des
Philosophes grecs,* » Paris, Lethielleux, 1909, p. 231-286,
Philon le Juif, les doctrines orientales et la pensée grecque.
On y trouvera, avec des références très précises aux
traités de Philon, édition Cohn et Wendland ou Tauchnitz-
Mangey, un exposé critique des idées philoniennes dans
leurs rapports avec la philosophie grecque ou avec l'histoire des religions.

TABLE DES MATIÈRES

1575-10. — Imprimerie des Orphelins-Apprentis, F. Blétit,
40, rue La Fontaine, Paris-Auteuil.

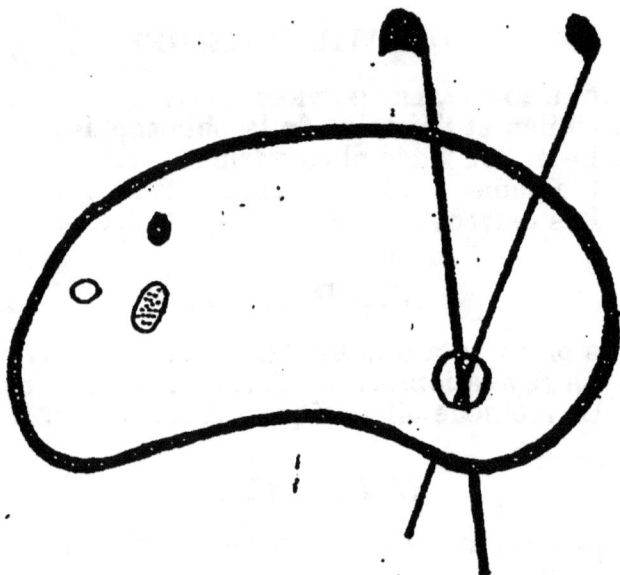

ORIGINAL EN COULEUR
NF Z 43-120-8

www.ingramcontent.com/pod-product-compliance
Lightning Source LLC
LaVergne TN
LVHW022124080426
835511LV00007B/1006